ÉQUITATION MILITAIRE,

OU

MANIÈRE

DE

DRESSER LES CHEVAUX.

ÉQUITATION MILITAIRE,

OU

MANIÈRE

DE

DRESSER LES CHEVAUX,

Et d'apprendre aux Cavaliers à les monter, à l'usage de la Cavalerie & des Amateurs;

TRADUIT DE L'ANGLOIS,

Par M. BERGERET DE FROUVILLE,
Officier au Régiment Royal-Lorraine Cavalerie.

Scientia & patientia.

A LONDRES,

ET A PARIS,

Chez la Veuve Duchesne, Libraire, rue Saint-Jacques, au Temple du Goût.

M. DCC. LXXXIV.

AVERTISSEMENT.

MON but, en donnant un nouveau Traité d'Equitation militaire, n'a pas été de regarder comme mauvais Auteurs ceux qui ont travaillé avec moi à cette partie. Au contraire, je puis dire avec justice que le peu que j'ai appris, c'est d'après les Ouvrages des célèbres Newcastle, la Guerinière, Baron de Sin, &c.; & j'ai joint à cela, un peu de travail. Mais, sans critiquer ces Messieurs, j'ai trouvé que la plupart des Ecuyers des Régimens étoient fort peu en état de mettre en usage les bonnes leçons de ces Auteurs, qui pour la Cavalerie, ont poussé l'art du manége trop loin; car il est, pour ainsi dire, impossible dans un corps de Cavalerie, de pouvoir à peine apprendre les choses les plus nécessaires à des Cavaliers, vu le peu de tems que l'on a à les dresser. Ainsi, je me suis borné exactement à ce qui est nécessaire pour former les Cavaliers & les Chevaux, pour mettre les Cavaliers en état de mener leurs montures, & de prévenir tous les accidens qui peuvent arriver, qui sont ordinairement occaſionnés par l'ignorance des Chevaux, ou des Cavaliers, & ſouvent de tous les deux, laquelle vient preſque toujours de l'ignorance de ceux qui enſeignent, & de la dureté avec laquelle ils donnent la leçon, tant aux Chevaux, qu'aux Cavaliers. Pour moi, j'ai éprouvé qu'avec de la douceur & de la patience, j'ai toujours appris aux Chevaux ce que j'ai voulu, & qu'ils ſont infiniment plus agréables quand ils ſont dreſſés de cette manière. Je ne prétends pas dire qu'il ne faut jamais corriger un Cheval; mais quand on eſt obligé de le faire, ce doit être avec la plus grande circonſpection & le plus grand jugement. Si le Public veut bien agréer mon Ouvrage, & en le liſant, de ſe ſouvenir que mon but n'a été que de travailler pour la Cavalerie, & de donner un Ouvrage ſimple & aiſé à mettre en pratique, je ferai mon poſſible pour tâcher de lui en offrir un autre beaucoup plus complet, qui traitera de l'Art de l'Équitation dans toute ſon étendue, & auſſi de la véritable connoiſſance du Cheval & de ſes maladies, lequel pourra ſervir de ſuite à ce petit Ouvrage, qui, quoiqu'il ſoit fait pour la Troupe, peut être également utile à tous les Amateurs.

TABLE
DES CHAPITRES
Contenus dans ce Traité.

Fin de la Table des Chapitres.

MANIÈRE

MANIÈRE
DE
DRESSER LES CHEVAUX,
ET
D'APPRENDRE AUX CAVALIERS
A LES MONTER.

CHAPITRE PREMIER.

Méthode pour mettre les Chevaux en état d'être montés, & les circonstances qui y ont rapport.

QUOIQUE tous les Chevaux qu'on emploie dans les Troupes aient déjà été montés, & aient atteint l'âge convenable pour l'être, je ferois cependant d'avis qu'on les dressât avec le même soin, la même douceur & la même précaution que s'ils ne l'avoient jamais été, pour prévenir les accidens qui peuvent naître de leur caprice, ou d'autres causes. Comme il convient qu'ils connoissent la figure du terrein sur lequel ils doivent marcher, la première fois qu'on les monte on doit commencer par les faire trotter avec la longe, sur de grands cercles, sans Cavalier & sans selle, parce qu'elle pourroit les blesser, les gêner, les chatouiller, ou les incommoder.

Voici la manière dont on s'y prend. Mettez un caveçon doux sur le nez de votre Cheval, & faites le marcher autour de vous sans bouger de place, en le tenant avec la longe, pendant qu'un autre le suit un fouet à la main. Vous devez vous conduire en ceci avec beaucoup de douceur, & ne point faire durer ce manége pendant trop longtems: car rien ne ruine plus un Cheval, que de le faire trop travailler, & il en résulte des effets contraires. Cela les rend quelquefois vicieux, les jette dans la manie & le désespoir, & souvent les rend stupides, & leur abbat totalement le courage. Un excellent moyen de travailler avec la longe les Chevaux qui portent la tête trop bas, comme cela arrive à plusieurs, est de se servir d'une longe qui tient à une boucle attachée au haut de la têtière, que l'on passe à travers l'œil du filet, & que celui qui a la longe tient avec la main.

La première chose qu'on exige d'un Cheval est qu'il avance. S'il refuse de le faire, ne songez jamais à le faire reculer; car vous le rendriez rétif. S'il avance de lui-même, arrêtez-le ou caressez-le. Souvenez-vous dans cet exercice & dans quelqu'autre que ce puisse être, de l'accoutumer à aller également à droite & à gauche, & dans le cas où il obéit, caressez-le & renvoyez-le. Un Cheval qui ne sçait aller que d'un côté, n'est qu'un Cheval à moitié dressé. Si un jeune Cheval s'effraye & s'arrête, faites-le précéder d'un autre, & soyez assuré qu'il le suivra. Mettez-lui un filet, dont l'embouchure soit grosse, mais qui ne soit pas trop court; & s'il marche librement, sellez-le, mais sans trop serrer les sangles. La corde avec laquelle vous le tenez, doit être longue & lâche, mais assez tendue pour empêcher qu'elle ne s'entortille autour de ses jambes. Vous observerez que les petits cercles gênent un Cheval, & l'obligent de se défendre. Ne le gênez pas d'abord; ne souffrez point qu'il galoppe sur le mauvais pied; & en cas qu'il le fasse, arrêtez-le tout court & recommencez. S'il galoppe de lui-même & sur le bon pied, laissez-le continuer; mais s'il ne le fait pas volontairement, ne le violentez point. Au cas qu'il s'enfuie & qu'il saute, secouez doucement la longe sur son nez, mais sans le fouetter, & il trottera de nouveau. S'il s'arrête, rue, ou se dresse, celui qui tient le fouet, le fera claquer, mais sans le toucher, à moins que cela ne soit absolument nécessaire pour le faire marcher. Lorsque vous changez de main, arrêtez-le & caressez-le, & accoutumez-le à venir à vous : car lorsque vous vous présentez tout-à-coup devant un Cheval, comme quelques-uns le font, & que vous l'effrayez d'un autre côté, vous courez risque de le rendre timide & craintif. Au cas qu'il porte la tête trop bas, levez la main, & secouez le caveçon pour la lui faire lever. Quelque allure que le Cheval tienne, soit qu'il marche, trotte ou galoppe, faites en sorte que son mouvement soit toujours déterminé, & tel que vous le desirez. En un mot, ne lui souffrez aucune allure irrégulière. Qu'il n'y ait jamais rien de faux dans son allure. Le trot est l'allure qui met tous les quadrupèdes en état de se soutenir sur leurs jambes sans gêne & sans contrainte. Lorsqu'il marche légèrement & de lui-même, accoutumez-le peu-à-peu à baisser la tête, & cela à mesure qu'il trotte & galoppe plus aisément avec la longe, sans que personne le monte. Faites en sorte que son allure soit toujours vraie, & ne lui tenez pas la tête trop longtems rainée ; il prendroit l'habitude de s'appuyer sur les rênes, ou sur ses épaules, lorsqu'il se sentiroit fatigué. Chaque Régiment doit avoir un manége couvert pendant l'hyver; car on ne sçauroit rien faire dans la mauvaise saison. Il est plus agréable en été de manœuvrer en plein champ. En le faisant souvent, on prévient les routines locales que les Chevaux prennent quelquefois dans les manéges couverts, lorsqu'on n'y fait pas attention. D'une autre côté, ils sont plus sujets à se distraire & à perdre leur attention en plein champ, à cause des différens objets qu'ils voient, que dans les manéges couverts, de manière qu'il est difficile de se décider pour les uns ou les autres. Les Chevaux ont plus de liberté dans les seconds, & s'habituent à voir des objets qui les effraieroient, s'ils ne les avoient jamais vus. Les manéges couverts ont cela d'avantageux, que tout s'y fait avec plus d'exactitude, & que le terrein y est meilleur. Ces deux sortes de manéges ont leur avantage selon la saison, & tous les deux sont bons, lorsqu'un Écuyer sçait son métier.

CHAPITRE II.

Méthode pour placer & affermir les hommes fur leurs Chevaux, avec quelques inftructions paffagères, tant pour eux que pour leur monture. Des Mors.

IL ne faut pas moins de douceur & d'attention pour apprendre aux hommes à monter à Cheval, que pour dreffer les Chevaux, fur tout dans le commencement. On ne doit rien négliger pour infpirer aux uns & aux autres toute la fenfibilité dont ils font fufceptibles, quoique la plupart des Ecuyers faffent le contraire, & s'étudient à la leur faire perdre. Comme tout dépend de la manière dont on place pour la première fois un homme à cheval, on ne pourroit trop faire attention à cet article.

Il n'y a perfonne qui ne fente combien il eft abfurde de placer un homme qui n'a jamais monté à Cheval, & c'eft encore pis s'il l'a fait, fur un Cheval trotteur, fur lequel il eft obligé, fuppofé que le Cheval foit affez infenfible pour le lui permettre; & s'il ne l'ofe pas, au rifque de fe caffer le cou, de fe tenir de toute fa force avec fes bras & fes jambes. Cette méthode eft auffi mauvaife d'abord, qu'elle eft avantageufe dans la fuite. Un homme ne peut se tenir ferme sur un Cheval, à moins qu'il ne sçache se tenir en équilibre, & être le maître de tous ses mouvemens. Dans quelque occasion que ce puisse être, il ne sçauroit le faire, si son attention est partagée, comme le seroit celle d'un enfant qu'on placeroit pour la première fois sur un Cheval. Dans cette situation pénible, il est obligé de se tenir à la bride, au risque de gâter tout-à-la-fois sa main & la bouche de son Cheval, de coller ses jambes contre, au risque de perdre la vie, & de faire perdre au Cheval la sensibilité qu'il a, quoiqu'elle soit absolument nécessaire pour les dresser tous deux, pour ne rien dire ici de la triste figure que fait un homme qui ne sçait point faire usage de ses membres.

La première fois qu'un homme monte à Cheval, on doit lui en donner un fort doux, & jamais ne le faire trotter qu'il ne soit à son aise au pas. On lui en donnera un plus rude à mesure qu'il s'affermira, augmentant peu-à-peu la vitesse du trot; mais on ne le fera galopper que lorsqu'il sçaura bien trotter: car quoique le galop soit plus doux, on est moins maître de son Cheval lorsqu'on galoppe, que lorsqu'on trotte. On doit observer la même chose à l'égard des Chevaux. On ne les fera jamais trotter que lorsqu'ils seront obéissans, & qu'ils auront bouche faite; ni galopper, qu'ils ne sçachent bien trotter. Lorſqu'un Cavalier eſt ferme ſur la ſelle, plus il trotte (il ne doit jamais diſcontinuer de le faire), plus il eſt en état de monter des Chevaux rudes. La méthode que j'indique ici eſt la meilleure, la plus facile & la plus courte; les autres dont on ſe ſert, ſont déteſtables, ſont cauſe qu'un homme contracte de mauvaiſes habitudes, devient de jour en jour plus mauvais Cavalier, & ſon Cheval incapable d'aucun ſervice. En ſuivant celle que j'enſeigne, le Cavalier s'affermit de jour à autre, & les mouvemens plus libres ne forment, pour ainſi dire, qu'un tout avec ſon Cheval. L'un & l'autre conſervent leur ſenſibilité, & ſe trouvent en état de recevoir & de pratiquer les leçons qu'on leur donne. Lorſque l'homme & le cheval ne manœuvrent pas librement & ſans contrainte, plus on les exerce, moins ils valent; tout ce qu'ils font, n'a ni grace, ni utilité. Lorſqu'un homme eſt bien affermi ſur la ſelle, il doit monter peu-à-peu des Chevaux plus rudes & même à poil, & s'y tenir d'auſſi bonne grâce, que ſur une ſelle à demi piquée. Il ne faut, pour l'acquérir, qu'un peu de patience & d'attention.

Parmi les différentes méthodes dont on ſe ſert pour placer un homme à Cheval, il y en a peu qui ſoient dictées par la raiſon. Les uns veulent qu'il ſe place ſur l'enfourchure, d'autres qu'il ſe place ſur la pointe de l'épine du dos (*). Ces deux méthodes sont également opposées & ridicules, & l'on peut en tirer une meilleure, en prenant le milieu. Avant de faire monter un homme à Cheval, apprenez-lui à connoître & à examiner si la gourmette est bien placée. Je suppose qu'on lui ait mis un mors, ce qu'on ne doit pas faire d'abord; il vaut mieux s'en tenir à un filet, jusqu'à ce que le Cavalier soit ferme sur la selle, & le Cheval un peu dressé. On examinera encore si la gourmette est bien placée, la sousgorge lâche, le mors ni trop haut ni trop bas, mais placé où il doit l'être, de peur qu'il ne ride la peau, ou qu'il ne pende point sur les dents; si les sangles ne sont pas serrées; si le poitrail & la croupière sont bien placés, & les rênes d'une égale longueur. On examinera ces pièces à plusieurs reprises, & l'on remédiera aux défauts qu'elles peuvent avoir. Un homme qui a la main bonne, peut d'abord se tenir d'un mors & se passer d'un bridon; mais cela demande plus de

---

(*) Lorsqu'on est sur l'enfourchure, qui est une position très-fatiguante, il est impossible d'être ferme, & d'avoir les aides de la main & des jambes justes, quoique ce soit la position qu'exige M. de Newcastle.

Si l'on est sur la pointe de l'épine, les cuisses sont très-raccourcies, & les aides du genou perdues.

ſoin, de délicateſſe & de tems qu'on n'en peut exiger d'un corps de Soldats, dont le nombre eſt conſidérable, & parmi leſquels il y a peu de bons Cavaliers. Il eſt plus aiſé de dreſſer un novice qu'un autre qui a pris de mauvais principes: car il eſt plus difficile de détruire de faux principes, que d'en prendre de bons. Même choſe a lieu par rapport au Cheval. On doit, dans les manéges, lorſqu'on a des Poulains à dreſſer, ne point trop comprimer les barres, & c'eſt ce qu'on ne peut éviter, avec quelque ſoin que les gourmettes ſoient faites. Quiconque conduit un Cheval avec une bride, doit être bon Cavalier, & avoir ſoin que ſon Cheval ne porte pas la tête trop bas; ce qui gêneroit le mouvement des épaules. J'ai vu quelquefois que l'on ſe ſervoit d'abord d'un mors; mais j'ai toujours obſervé que les Chevaux portoient la tête trop bas; ce qui gênoit le mouvement des épaules. On trouve cependant un Cheval ou deux ſur la quantité à qui la nature a placé l'avant-main ſi haut, que rien ne peut la leur faire baiſſer. Il faut apprendre aux Soldats à ſe ſervir comme il faut de leurs filets: car comme ces derniers n'ont pas autant de force qu'une bride, ils ſe donneront des libertés capables de leur gâter la main, à apprendre aux Chevaux à appuyer ſur le mors, & à ne point ſentir la main, à ſe pencher ſur leurs épaules; ce qui leur ôte tout leur mouvement. Les mors dont on se sert (& on doit les employer, lorsque les Chevaux portent la tête haute, qu'ils sont bien dressés, dociles & libres dans leurs mouvemens) doivent être les mêmes: car quoique la différence des bouches exige différentes sortes de mors, il convient qu'elles soient toutes les mêmes dans un Régiment. On proportionnera leur largeur à l'ouverture de la bouche du Cheval. Il n'est pas besoin de beaucoup de mors pour un Régiment. Le meilleur que j'aie trouvé, après différentes épreuves, est celui dont on voit la figure (Planche I). La pesanteur du mors, sans la gourmette, est d'environ 14 onces $\frac{3}{4}$; celle de la gourmette d'environ 4 onces & $\frac{1}{4}$, & la petite chaîne dont on se sert pour l'empêcher de prendre le mors aux dents, ce que plusieurs Chevaux ont coutume de faire, de $\frac{3}{4}$ d'once. Le tout ensemble pèse 19 onces & $\frac{3}{4}$. Les anneaux des branches auxquels on attache les rênes, doivent être fixes, pour empêcher que les dernières ne s'entortillent. Le mors est d'une seule pièce, épais & fixe. Ceux qui ne sont pas tels, & qui sont mobiles, ne produisent qu'un effet incertain. Les gourmettes minces ne valent rien, & sont sujettes, lorsqu'on s'en sert mal, comme le font la plupart des Cavaliers, à blesser les Chevaux. Elles doivent être plattes, larges & bien polies, pour qu'elles ne bleſſent point la *barbe* du Cheval, mais ni épaiſſes, ni peſantes. La bride convient à la cavalerie légère. Celles des corps plus peſants, qui ont des Chevaux plus gros & d'une autre eſpèce, peuvent avoir des branches plus longues d'un quart de pouce, & la bride un peu plus ſolide. On ne doit jamais employer les brides pour les Chevaux qui ne ſont point encore dreſſés. Un filet ſimple vaut beaucoup mieux. Ceux qui ſont tortillés, durs, tranchans, ne ſont propres qu'à cauſer des calloſités. Les rênes, tant ſimples que doubles, ont très-ſouvent leur utilité, & conviennent aux Chevaux dreſſés, quelques airs qu'ils prennent, lorſqu'ils ſont enclins à porter leur tête baſſe. Après avoir pris toutes les précautions que je viens de dire, le Cavalier ſe placera près de l'épaule du Cheval; & prenant les rênes, & une poignée de la crinière de la main gauche, il poſera ſon pied gauche dans l'étrier du même côté, ſans trop l'avancer, de crainte de toucher le Cheval & de l'effrayer. Se levant enſuite tout droit, il reſtera un moment dans cette ſituation, tenant ſon corps droit, mais ſans le roidir. Il paſſera enſuite ſa jambe droite par-deſſus la ſelle, ſans la toucher, & s'aſſiéra doucement deſſus. Il prendra les mêmes précautions en deſcendant de Cheval. Il obſervera de ne pas tenir les rênes trop courtes, de crainte que le Cheval ne se dresse, ne se renverse, ou ne lève la tête. Il les tiendra de la même longueur, ni trop tendues, ni trop lâches, & les partagera, en passant le petit doigt entre deux. On doit accoutumer les Chevaux à rester en place lorsqu'on les monte, jusqu'à ce qu'il plaise au Cavalier de les faire marcher. Celui qui tient le Cheval qu'on veut monter, ne doit point le saisir par la bride, mais seulement par le montant de la têtière, sans trop le serrer; ce qui seroit sujet au même inconvénient, que si celui qui le monte tenoit les rênes trop courtes. On doit accoutumer tous les Soldats à monter & à descendre également des deux côtés. On ne sçauroit croire combien cette méthode est utile dans la mêlée. Le Cavalier se placera sur la selle, le corps un peu penché en arrière, la tête haute, mais sans roideur. Il s'assiéra ni trop en avant, ni trop en arrière; la poitrine & le bas-ventre un peu en dehors. Il tournera ses cuisses & ses jambes en-dedans, sans les gêner, & son pied en droite ligne, sans le tourner ni trop en-dedans, ni trop en-dehors. Au moyen de cette position, la pesanteur naturelle des cuisses a une pression suffisante, & le Cavalier est à même de se servir de ses jambes comme il lui plaît. Il doit les tenir pendantes, sans se gêner, & les placer de façon qu'elles ne touchent point les flancs du Cheval, mais assez près pour s'en servir au besoin.

La position du corps doit être telle, qu'il soit ferme, sans être gêné, & qu'il ne balance point lorsque le Cheval marche; ce qui est une mauvaise habitude que l'on contracte aisément, sur-tout lorsqu'on galoppe. Le coude gauche doit être légèrement appuyé sur le corps; sans cela, la main ne sauroit être ferme: elle chancelle toujours; ce qui est capable de gâter la bouche du Cheval. La main doit être de niveau avec le coude. Si elle étoit plus basse, elle donneroit trop de liberté au Cheval. Je parle ici de la position de la main en général: car comme les bouches des Chevaux varient, la position de la main doit aussi varier. Un Cheval lourd, pesant, exige qu'on tienne la main haute, & celui qui porte le nez au vent, qu'on la tienne basse. La main droite doit être placée symmétriquement avec la gauche; la droite doit être un peu plus avancée ou reculée, plus haute ou plus basse, selon que l'occasion l'exige. Pour que les deux mains soient plus libres, on doit tenir les deux bras un peu pliés vers le coude, pour qu'ils ne soient pas trop roides.

Un Soldat qui est à cheval doit avoir la main droite libre: il tient son épée avec, & ce fardeau doit lui suffire. Un homme doux qui apprend à monter à cheval, doit avoir un fouet ou une houſſine, & la tenir droite, pour qu'il s'accoutume à tenir ſon épée comme il faut. Il ſe contentera de la baiſſer lorſqu'il montera ou mettra pied à terre, pour ne point effrayer ſon Cheval.

La main gauche doit être éloignée du corps d'environ deux pouces & demi, les ongles vis-à-vis les boutons de la veſte, le poignet un peu arrondi, mais ſans gêne. Outre que cette poſition eſt gracieuſe, elle met le Cavalier en état de lâcher, de raccourcir & de mouvoir les rênes du côté qu'il lui plaît, ſelon que l'occaſion l'exige.

Rien, comme je l'ai dit ci-deſſus, n'eſt plus avantageux que de tenir le corps ferme & en équilibre. On eſt par-là maître de tous les mouvemens du Cheval. C'eſt la meilleure des aides. Une poſition contraire eſt déſavantageuſe, & gêne tous les mouvemens du Cavalier. Bien des gens prétendent que la fermeté du corps dépend de la qualité des ſelles, & regardent cet objet comme un objet ſérieux: mais on ne peut dire qu'un homme ſoit ferme ſur la ſelle, ſoit qu'elle ſoit platte, ou à demi piquée, lorſqu'il eſt gêné, & que ſon corps n'eſt point en équilibre. Lorſque les Cavaliers ſont bien placés, il faut les faire trotter le plus qu'ils peuvent, ſans étriers, & avoir attention qu'ils ne changent point de poſition. Quant à ces mauvais

Cavaliers, qui se servent de leurs mains pour se tenir à la bride, en dépit des leçons que l'Écuyer leur donne, il faut leur faire quitter les rênes, lorsqu'ils sont sûrs de leurs Chevaux, & leur faire tenir leurs mains dans la même position que s'ils les conduisoient. Il faut, dans tous les cas, mais sur-tout dans celui-ci, les empêcher de se tenir avec leurs mains & leurs jambes. Au cas que le mouvement du Cheval soit trop rude, ralentissez-le, jusqu'à ce que le Cavalier soit plus ferme sur la selle. Lorsqu'il le sera, quelque mouvement que le Cheval fasse, donnez-lui des étriers, & ne lui permettez jamais de trotter & de travailler son Cheval, sans en avoir.

Les étriers ne doivent être ni trop longs, ni trop courts, mais assez longs, pour que le Cavalier puisse poser son pied dessus, environ le tiers de la longueur du pied, à compter de son extrémité, qui doit être deux ou trois pouces plus haute que les talons. Les étriers trop longs ont cela de mauvais, qu'ils empêchent le Cavalier de passer sa jambe sur le bagage, le fourrage, les hardes, qui sont attachées derrière la selle. Ceux qui sont trop courts, ne valent rien à tous égards. La longueur que je leur donne est la plus juste, & on peut la déterminer de la manière suivante. Faites placer le Cavalier sur la selle, les jambes & les étriers pendans;

pendans ; & lorsqu'il est dans cette position, ajustez-lui l'étrier à la même hauteur que le talon, & placez l'étrier au tiers de la longueur du pied. Les étriers doivent avoir la même longueur ; le Cavalier ne doit point appuyer dessus, mais seulement y poser ses jambes. S'il faisoit autrement, il sortiroit de la selle ; ce qu'il ne doit faire que dans le cas où il met l'épée à la main, & se penche sur le devant pour charger l'ennemi. On peut lui donner des étriers dès qu'il est ferme, & même avant, si ses jambes sont bien placées.

Les Écuyers peuvent apprendre à un Cavalier à se servir comme il faut de ses jambes & de ses mains : mais il n'y a que la nature qui puisse lui donner cette sensibilité, sans laquelle il ne sçauroit le faire. Il doit avoir la main sûre, mais légère, & ne jamais surprendre la bouche de son Cheval, en lâchant ou tirant tout-à-coup les rênes. Tout doit se faire dans le manége par dégrés & avec délicatesse, mais en même tems avec de la force & de la résolution. La main qui sçait bien manier les rênes, les lâcher & les tirer à-propos, obtient son but avec moins de force, & la bouche du Cheval, sous la même main, est meilleure qu'une autre, en supposant que la nature leur ait donné les mêmes avantages. On doit se conduire avec la même douceur dans toutes les occasions & dans toutes les branches du manége. Une bouche dure & mauvaiſe paroîtra douce & bonne à une main qui n'a aucune ſenſibilité, de ſorte qu'il eſt impoſſible de juger de la bouche d'un Cheval, ſur le rapport d'autrui, à moins que vous ne connoiſſiez le degré de ſenſibilité qu'un homme poſſède, ou que vous ne montiez le Cheval vous-même. La main droite eſt quelquefois néceſſaire pour un moment, pour aider la gauche, lorſqu'on a affaire à des Chevaux incommodes; mais un Soldat qui doit ſe ſervir de ſon épée, doit employer la main droite le plus rarement qu'il peut.

Le filet doit être deſſus; je veux dire que les rênes doivent être placées ſur celles de la bride, ſoit qu'on ſe ſerve du filet ou du mors ſéparément, ſoit qu'on les emploie enſemble. Lorſque le Cavalier eſt inſuffiſamment inſtruit, & le Cheval préparé & ſellé pour le travail, on doit raccourcir une rêne du côté où l'on veut le conduire, comme je le dirai en ſon lieu; mais il ne faut jamais la raccourcir au point de peſer tout-à-fait deſſus; car outre que la manœuvre eſt fauſſe & mauvaiſe, on durciroit la bouche du Cheval d'un côté, au-lieu qu'il faut lui conſerver ſa ſoupleſſe, en faiſant agir alternativement les rênes, en les tendant modérément. Ces deux effets réunis font que la bouche du Cheval conſerve le dégré d'*appui* convenable. Pour le conserver quand on l'a obtenu, on ne doit point trop travailler le Cheval. Lorsqu'on le fait, il se jette sur ses épaules, de même que le fait un Cheval de poste excédé de fatigue. On doit cependent apprendre aux poulains, de même qu'aux hommes, l'effet des rênes séparément, pour empêcher qu'ils ne confondent les effets mixtes qui en résultent. Évitez de les travailler sur un terrein creux & mauvais; car outre que vous forcez le pas du Cheval, vous l'obligez à se jetter sur ses épaules, & à se battre à la main.

Un poltron & un étourdi sont tous deux de très-mauvais Cavaliers, & sont également reconnus pour tels par l'animal qu'ils montent. Tous deux le ruinent également, quoique de différentes manières. Le poltron, en laissant aller son Cheval comme il veut, le confirme non-seulement dans ses mauvaises habitudes, mais lui en fait contracter de nouvelles. L'étourdi, à force de tourmenter son Cheval & de vouloir le corriger, le ruine & le jette, par un effet de son désespoir, dans tous les vices que la race est capable de suggérer.

On doit tenir les Chevaux la tête haute, jusqu'à ce qu'ils soient entièrement dressés, & que le mouvement de leurs épaules soit libre.

Il faut, pour dresser un Cheval, que la main & les jambes agissent de concert dans tous les mouvemens qu'il fait, & que les dernières secondent toujours la première. Lorsqu'on le fait marcher, trotter ou galopper sur des cercles (je suppose qu'il n'est question d'autre chose) on ne doit faire usage que de la jambe de dehors, & cela pour un moment, pour redresser la marche du Cheval, au cas qu'elle soit fausse; & si-tôt qu'on a réussi, il ne faut plus s'en servir. Lorsque le Cheval est paresseux & s'arrête de lui-même, il faut faire agir les deux jambes, & lui presser les flancs, supposé que les méthodes plus douces qu'on a employées, telles que la pression des cuisses & l'attention qu'on a eue de retirer ses jambes près, n'aient pas réussi. Le plus sûr est de ne point faire agir les jambes. Ceux qui ont appris dans de bonnes écoles, ne s'en servent jamais, & les Chevaux ainsi dressés, valent infiniment mieux que les autres. Ils obéissent au mouvement de la rêne ou du corps, autant qu'il est nécessaire. Le Cheval & le Cavalier paroissent ne former qu'un seul & même corps: c'est-là ce que pratiquent & enseignent les grands Maîtres; mais on ne peut attendre une sensibilité parfaite dans l'homme & son cheval, dans l'école d'un Régiment, où il y a un si grand nombre de Soldats. On entend par le terme de *dehors*, le côté le plus éloigné du centre, & par celui de *dedans*, celui qui en est proche. Un Cavalier qui veut faire reculer son Cheval, ne doit se servir de ses jambes, que dans le cas où le Cheval se jette sur ses épaules. Lorsqu'il le fait, il doit les appuyer légèrement en même tems, le sentir dans la main. Si le Cheval refuse de reculer, il doit approcher ses jambes, jusqu'à ce que le Cheval lève une jambe, comme s'il vouloit avancer. Dès qu'il aura levé la jambe, il suffira de faire agir la rêne du même côté, pour la lui faire porter en-dedans, & le faire reculer. S'il offre de le faire, on retirera à l'instant les jambes. On tiendra la rêne de dedans plus tendue sur les cercles, pour que le Cheval puisse regarder du même côté, & l'on croisera un peu celle de dehors de ce même côté. Le Cavalier les tiendra toutes deux de la main gauche, pour pouvoir se servir de la droite, lorsque l'occasion l'exigera.

Toutes les leçons que l'on donne au Cavalier & à son Cheval, doivent commencer par des mouvemens très-simples, pour qu'ils aient le tems de comprendre & de réfléchir sur ce qu'on leur enseigne. Mais quoique ces mouvemens soient lents, ils ne doivent pas être lourds, mais déterminés & faits sans hésiter. On augmentera ce mouvement à proportion qu'ils comprendront les effets des rênes, & que le manége leur deviendra plus familier. Chaque Cavalier doit s'accoutumer à ſentir, ſans le ſecours de l'œil, ſi la marche de ſon Cheval eſt fauſſe, même dans les mouvemens les plus violens & les plus précipités, & y remédier auſſi-tôt. C'eſt-là une connoiſſance que la pratique, l'application & l'attention ſeules peuvent donner au commencement des mouvemens ſimples. Un Cheval peut non-ſeulement galopper, mais encore trotter & marcher faux. S'il galoppe faux, ou ſur le mauvais pied; je veux dire, ſi en galoppant à main droite, il entame le chemin avec la jambe gauche, ou ſi allant à gauche, il ſe ſert de la droite; s'il ſe déſunit; je veux dire, s'il porte la jambe oppoſée derrière celle dont il ſe ſervoit auparavant, arrêtez-le ſur le champ, & remettez-la où elle doit être. Pour cela faire, vous approcherez doucement votre jambe de dehors, vous avancerez la main, en tenant la rêne de dedans plus courte que l'autre, & la tête du Cheval tournée en dedans; & au cas qu'il réſiſte, tournez-lui la tête en dehors. Remettez-la en place, & tournez-la lui en dedans, dans le moment qu'il galoppe ſur le bon pied. On ne doit point ſe ſervir de la jambe, ni dans ce cas-ci, ni dans les autres, à moins que la main ſeule ne ſuffiſe point. On dit qu'un Cheval ſe déſunit à droite, lorſqu'entamant le chemin de ce côté, avec la jambe droite, il avance la gauche. Il ſe déſunit à gauche, lorſqu'allant de ce côté, il avance la jambe droite. Un Cheval peut être tout-à-la-fois faux & désuni, & l'on doit employer la même méthode, pour le corriger de ces deux défauts. Il est faux & désuni à droite, lorsqu'allant de ce côté, il avance la jambe gauche, & retire la droite, quoique cette jambe soit plus avancée sous son ventre, que la gauche, parce qu'il va du côté droit. Il est faux & désuni à gauche, lorsqu'entamant le chemin de ce côté, il avance la jambe droite, & retire la gauche, quoique celle-ci soit plus avancée sous son ventre, que la droite, parce qu'il va du côté gauche.

On doit avoir soin que les Chevaux qui s'arrêtent après avoir galoppé, s'arrêtent sur le bon pied, sur-tout sur celui de derrière ; ce qu'ils ne font point, lorsqu'on se sert de la longe, & que personne ne les monte.

Lorsqu'on enseigne à un homme à bien se placer sur son Cheval, il faut empêcher qu'il tienne son corps roide, & qu'il use de force dans quelque occasion que ce puisse être. La roideur du corps a très-mauvaise grace, & la force que le Cavalier emploie, ne sert, lorsqu'il est déplacé, qu'à le jetter loin de son Cheval, par l'effet du ressort ; au-lieu qu'il est assuré sur la selle, lorsque son corps est en équilibre, & qu'il ne bouge point les cuisses, qui sont naturellement pesantes.

A mesure que les Cavaliers sont plus affermis, & les Chevaux plus souples, il faut faire les cercles plus petits, sans cependant les diminuer trop, de peur que les Chevaux ne se jettent sur leurs épaules.

On ne doit employer les mors, que lorsque les Cavaliers sont bien affermis sur la selle, & les Chevaux accoutumés à aller à droite & à gauche; & alors même, on doit s'en servir avec beaucoup de précaution. On a eu raison dans tous les bons manéges d'abandonner les mors trop forts & trop pesants, & il seroit à-propos qu'on les bannît des écoles militaires. Ils appesantissent la tête du Cheval; ils empêchent l'action de l'avant-main, & endurcissent également la main du Cavalier & la bouche du Cheval; & leur insensibilité augmentant de jour en jour, on ne peut en attendre autre chose. Il y a des Chevaux, qui, lorsqu'on leur met un mors pour la première fois, baissent la tête; ce qui est unepofition que quelques ignorans approuvent, pourvu que le sommet de la tête & le nez soient à-peu-près perpendiculaires, sans considérer qu'elle est beaucoup meilleure, à proportion que le sommet de la tête est plus haut, pourvu qu'il soit presque perpendiculaire avec le nez. Lorsque le sommet de la tête est bas, la position ne vaut rien, quoique la tête & le nez ſoient à-peu-près perpendiculaires, à cauſe qu'elle empêche l'action de l'avant-main. Lorſque vous trouvez de pareils Chevaux, levez le *bridon* de la main droite; prenez les rênes de la bride de la gauche; lâchez-le & tirez-le à différentes repriſes alternativement. Un mors fort & peſant, flatte d'abord la main d'un ignorant; mais il n'eſt tel que pendant un certain tems. Il ne tarde pas à s'appercevoir que ſa main & la bouche du Cheval ont perdu leur ſenſibilité. La plupart des Chevaux qui ont la tête peſante, ſont ſujets à broncher.

Lorſqu'on travaille un Cheval ſur de petits cercles, le Cavalier doit ſe pencher en devant; autrement il court continuellement riſque d'être déſarçonné à chaque mouvement rapide ou irrégulier que le Cheval fait; il ne ſçauroit l'être, en prenant la poſition que je viens de dire.

Les inſtructions que l'on donne au Cavalier & au cheval, ſont de la plus grande conſéquence & de la plus grande importance; & c'eſt d'elles que dépend le ſuccès de ce qu'il fait. Les eſcadrons ſont ſouvent rompus & défaits, à cauſe de l'ignorance des Cavaliers ou des chevaux, mais plus communément par celle des deux enſemble. La plupart des déſaſtres qui arrivent, proviennent de ce que les Chevaux ſont mal dreſſés & mal équipés, & de ce que les Cavaliers ne ſont pas fermes ſur leurs selles, indépendamment de leurs mains & des bouches de leurs Chevaux. Si les Cavaliers sçavoient conserver ces dernières sensibles & obéissantes, & leur faire tenir un pas égal & cadencé, quelque lents & accélérés qu'ils fussent, ils ne romproient jamais leurs rangs, & auroient toujours le dessus sur leurs ennemis. La plus forte cavalerie est souvent battue par une inférieure, faute d'être instruite des principes que je viens de donner. Cette matière mérite la plus sérieuse attention; & le mépris qu'on en fait, a eu dans plusieurs occasions des conséquences funestes. J'espère que quelques personnes d'une autorité suffisante, & instruite, contribueront à faire dans la cavalerie plusieurs changemens qui paroissent absolument nécessaires. Pourquoi, par exemple, charger la cavalerie de bottes fortes & de fusils pesants? On pourroit leur en substituer de plus légers & d'aussi utiles, telle qu'une carabine. Je ne trouve rien qui convienne plus mal, & qui soit plus inutile à un Soldat, qu'un chapeau. Il est continuellement exposé à le perdre, sur-tout dans une action. Il ne le garantit ni du vent, ni du mauvais tems, qui font de la plus grande conséquence. Un bonnet n'a pas les mêmes inconvéniens. On peut le décorer & lui donner un air martial, & faire en sorte qu'il garantisse le Soldat du vent, de la neige, de la pluie, & qu'il lui serve de bonnet de nuit.

CHAPITRE III.

Méthode pour assouplir les Chevaux que l'on monte, par le moyen de l'épaule en-dedans, avec une longe & sans longe, sur des lignes circulaires & droites, & de travailler un Cheval à la main.

LORSQU'UN Cheval est bien dressé & assuré dans tous ses mouvemens (on ne doit rien tenter de plus jusqu'alors) & que le Cavalier est bien affermi sur sa selle, ce qui est encore absolument nécessaire; il faut continuer de les instruire tous deux. Il y a si peu de bons Cavaliers dans les Régimens, qu'on ne sçauroit employer trop de soin à les instruire, d'autant plus que le Cavalier & le cheval sont également ignorans, & ont également besoin d'être instruits. Cette difficulté n'a pas lieu dans les manéges, où un jeune élève trouve des Chevaux dociles & bien dressés, & devient assez bon Cavalier pour pouvoir monter un Cheval à crû.

En commençant ce nouveau manége, il faut apprendre au Cheval à travailler en quarré, ou sur les quatre coins, tant avec l'avant-main, qu'avec l'arrière-main à la muraille, & cela de lui-même, ce qu'on ne sçauroit exiger de lui, mais que l'on doit eſpérer qu'il fera bientôt ; & à être léger à la main. Lorſqu'il le fera, commencez à plier ſa tête, un peu plus en-dedans, qu'en-dehors, en raccourciſſant peu-à-peu la rêne de dedans. Cela fait, tâchez de gagner un peu les épaules, en tenant la rêne de dedans plus courte, comme vous l'avez fait ci-devant, & en croiſant celle de dehors ſur celle de dedans. Voici l'intention de ces opérations. La rêne de dedans ſert à conduire la tête du Cheval, & celle de dehors qui la croiſe, ſert à la rendre perpendiculaire, comme elle doit l'être ; je veux dire, à placer le nez & le front ſur la même ligne perpendiculaire. Elle ſert encore, ſi on l'avance, de même que celle qui la croiſe, à faire avancer le Cheval, lorſqu'il le faut ; ce qui eſt ſouvent néceſſaire, y ayant pluſieurs Chevaux qui reculent quand ils devroient avancer. Si l'on rapprochoit le nez trop près du poitrail, au-delà de la perpendiculaire, on gêneroit le mouvement des épaules, & l'on cauſeroit d'autres mauvais effets. Toute autre poſition que celle que je viens de dire, ne vaut rien. La rêne de dehors étant croiſée, non point en-dedans, mais en-dehors, ſert encore, lorſqu'il eſt néceſſaire, à empêcher l'épaule gauche de trop avancer ; ce qui facilite le mouvement des jambes de dedans qui la croiſent : ce qui eſt un mouvement admirable pour aſſouplir les épaules. Il faut avoir soin que la jambe de dedans passe sur celle de dehors, sans la toucher. On peut faciliter ce mouvement par le moyen de la rêne de dedans, la croisant sur celle de dehors, toutes les fois que le Cheval pose la jambe gauche à terre. On feroit mal, dans tout autre tems, si si ce n'est lorsque le Cheval pose la jambe de dehors à terre, de croiser la rêne de dedans, ou de lui faire lever celle de dedans. Ce seroit exiger une chose impossible, & fatiguer mal-à-propos le Cheval. La raison en est, qu'une grande partie de la pesanteur du Cheval, portant sur la jambe de dedans, une pareille tentative seroit non-seulement inutile, mais encore préjudiciable à la sensibilité de la bouche, & obligeroit probablement le Cheval à se défendre, sans en obtenir d'autres mouvemens.

Lorsque le Cheval est ainsi accoutumé à faire ce que vous exigez de lui, mais jamais avant qu'il le soit, enseignez-lui peu-à-peu à croiser les jambes de derrière. En lui faisant plier les jambes de devant, vous l'obligerez à plier celles de derrière. En cas qu'il résiste, vous raccourcirez davantage les rênes; vous le ferez reculer, & approcherez votre jambe de dedans. S'il avance trop la croupe, vous allongerez les deux rênes; & s'il le faut absolument, il se servira adroitement de sa jambe de dedans, pour la remettre en place, obſervant que la croupe doit toujours être plus baſſe que les épaules, qui doivent toujours avancer les premières. Auſſi-tôt que le Cheval obéit, le Cavalier doit remettre ſa main & ſa jambe dans leur poſition ordinaire. Dans cette leçon, non plus que dans la plupart des autres, il ne faut jamais négliger les coins, & accoutumer le Cheval à y aller de lui-même. Conduiſez-l'y, en approchant la rêne de dedans de celle de dehors, mais ſans changer la poſition de la tête, du cou & des épaules, & faites-l'en ſortir, en rapprochant la rêne de dehors de celle de dedans. Ces uſages des rênes produiſent auſſi leurs effets ſur les parties de derrière.

Rien n'a plus mauvaiſe grâce; rien ne dérange plus un Cavalier; rien n'émouſſe plus la ſenſibilité des flancs du Cheval, que de remuer continuellement les jambes. On empêche par-là un Cheval d'avoir un pas fixe & reglé. Il eſt impoſſible à un homme d'être ferme, aſſuré & doux. Il faut toujours, lorſque cela eſt néceſſaire, accélérer le mouvement; mais on ne ſçauroit remédier à celui qui eſt trop violent; & ſes conſéquences ſont ſouvent irréparables. Les Cavaliers ſont portés à plier leurs jambes, lors même qu'ils marchent en avant, & à en reculer une, lorſqu'ils changent de main.

Ils ne doivent le faire qu'avec les rênes & de bonne grâce, ſans permettre au Cheval d'aller trop vîte, ou trop lentement ſur la main. La main ſeule du Cavalier ſuffit preſque toujours ; & au cas que cela ne ſoit pas, il doit employer pluſieurs moyens, avant que de recourir à une auſſi mauvaiſe reſſource que celle dont je viens de parler. Le premier eſt de ſerrer les cuiſſes. Le ſecond, d'approcher doucement les gras des jambes. Le troiſième, de ſe ſervir de l'éperon, mais ſans plier le pied, ni la jambe ; ce qu'un bon Maître ne permet jamais de faire.

On ne doit jamais faire changer de main à un Cheval, ſans le faire avancer un pas. Il ſuffit, pour cet effet, de mouvoir la main d'un côté à l'autre. On doit encore tenir pour une règle conſtante, de ne jamais arrêter un Cheval, le monter, ou mettre pied à terre, que lorſqu'il eſt bien placé.

Premièrement, les figures ſur leſquelles on travaille, doivent être grandes. On les diminuera enſuite peu-à-peu, ſelon les progrès que le Cavalier & le cheval feront. On réglera les pas cadencés qu'il fait en conſéquence. Les changemens de main doivent ſe faire d'une manière déterminée, & d'abord en avant, ſans exiger celui de côté, de deux piſtes ; ce qu'on exigera dans la ſuite, lorſqu'il ſera ſuffiſamment aſſoupli. On dit qu'un Cheval va de deux piſtes, lorſque les pieds de devant & ceux de derrière ne ſe ſuivent point, mais décrivent deux différentes lignes.

Il faut au commencement ſe ſervir de la longe, pour faire trotter un Cheval ſur des cercles & des lignes droites, tant pour aider le Cavalier, que le Cheval. On l'abandonnera, lorſque l'un & l'autre ſeront plus inſtruits. Aucun Cavalier, fût-il le meilleur Écuyer du monde, ne doit ſe diſpenſer de trotter de tems en tems avec la longe, ſoit avec des étriers, ſoit ſans étriers. La leçon finie, vous ferez reculer & avancer quelque tems votre Cheval, en lui preſſant également & légèrement les flancs, s'il le faut, & en remuant la bride. Au cas qu'il recule, faites-lui prendre ſur le champ le grand trot. Dans le cas où il refuſe de le faire, il ſuffit de lui donner quelques coups de caveçon ſur le nez, ou de placer quelqu'un devant lui. Il convient que le Cavalier approche ſes jambes lorſqu'il recule, pour empêcher qu'il ne ſe jette trop ſur ſes épaules; mais cette preſſion doit être légère, & ceſſer dès le moment qu'il eſt comme il faut ſur ſes hanches. On doit accoutumer le Cheval à reculer peu-à-peu en ligne droite; mais le Cavalier ne doit recourir aux aides de la jambe, ainſi que le pratiquent les Écuyers du commun, qu'après avoir employé la main & les rênes; ce qui suffit quelquefois. Dans le cas où cela n'arrive point, il doit se servir de sa jambe; ce qu'il ne doit faire qu'à la dernière extrémité.

Après qu'un Cheval est bien dressé & assuré dans les différens pas qu'il fait, il faut, en le travaillant, l'accoutumer à se bien tenir sur ses hanches, & à bien placer ses jambes de derrière. Lui & le Cavalier en auront meilleure grâce. Le Cheval obéira à la main, & exécutera tout ce qu'on lui commande raisonnablement, avec autant de délicatesse, que de facilité, de vigueur & de promptitude.

La méthode qu'on a de faire marcher un Cheval de côté, est la plus absurde qu'on puisse imaginer, & a les suites les plus funestes pour l'animal; car au-lieu de l'assouplir, elle l'oblige à se roidir & à se défendre, & rend souvent une créature naturellement bienfaisante, rétive, craintive, & ennemie irréconciliable de l'homme. On doit tenir pour maxime constante, qu'il est infiniment plus difficile de corriger un vice ou une mauvaise habitude, que de les prévoir & de les prévenir. Les Chevaux conduits par des Cavaliers qui se servent de leurs jambes, ont coutume, lorsqu'ils vont de deux pistes, d'avancer continuellement la croupe; ce qui ne vaut rien du tout. Cela vient de ce que le Cavalier lui pique le flanc, avant d'avoir déterminé l'avant-main du Cheval ſur la ligne qu'il doit parcourir.

Un filet coulant eſt excellent pour les Chevaux qui ont l'avant-main longue & hauté. Celui dont on ſe ſert communément, vaut mieux pour ceux qui portent leurs têtes baſſes. Il y en a cependant pour leſquels on peut ſe ſervir du premier, en hauſſant & avançant les mains; mais cela donne une poſition déſagréable au Cavalier. Les filets, comme cela paroît par leur conſtruction, ne valent rien pour les Chevaux ſujets à faire des faux-pas & à broncher. Lorſqu'on les emploie ſans bride pour des Chevaux qui portent la tête baſſe, il faut les tirer doucement d'un côté & d'autre.

Tout le monde connoît la conſtruction d'un filet coulant (Planche 2); mais il eſt aiſé de voir qu'il coûte plus qu'un filet ordinaire. Comme ſon principal point d'appui eſt ſur le pommeau de la ſelle, plus bas que la main du Cavalier, ils verront aiſément qu'il eſt bon pour les Chevaux qui ont les jambes de devant longues & minces, & qu'il ne vaut rien pour ceux qui les ont courtes & groſſes. Ils conviennent à quantité de Chevaux, lorſqu'on s'en ſert en guiſe de bridon, avec une bride; lorſqu'ils ont les jambes longues, & qu'ils portent la tête baſſe. Le filet coulant eſt quelquefois très-utile pour les Chevaux qui ont de la peine à lever la tête & les jambes de devant; mais on ne doit point le fixer comme on a coutume de le faire. Ses rênes doivent paſſer dans un anneau, qui eſt de chaque côté de la tête, au haut de la têtière, à côté des oreilles, avant d'arriver aux mains du Cavalier (Planche 3). Ils ſont ſouvent très-utiles lorſqu'on les fixe aux anneaux de la têtière, qu'ils paſſent à travers les yeux du filet dans les mains du Cavalier, ſans les attacher à la ſelle. La leçon de l'*épaule en-dedans*, eſt une vraie pierre de touche dans les manéges, tant pour le Cavalier, que pour le Cheval. On ne peut les dreſſer comme il faut, ſans une expérience conſommée; mais on ne doit point la pratiquer en plein champ, dans les exercices, ou évolutions. Lorſqu'on le fait, il faut conduire les Chevaux du côté où l'on veut aller; ce qu'on fait rarement, à la honte de la cavalerie. L'*épaule en-dedans* à rebours, eſt très-avantageuſe aux Chevaux qui ſe jettent trop en avant. J'entends par à rebours, lorſqu'on travaille un Cheval, les épaules hors du plus grand cercle, & la croupe près du centre du plus petit.

Un Cheval bien exercé dans l'*épaule en-dedans*, eſt en état d'entreprendre & d'apprendre en peu de tems toutes les autres leçons qu'on lui donne. On doit les pratiquer de même que toutes les autres, ſur toutes ſortes de lignes circulaires, droites, quarrées, &c. Lorſqu'on eſt à cette dernière figure, qui eſt une excellente leçon, comme auſſi dans toute autre, & ſur toutes ſortes de figures où il y a des coins & des angles, il faut avoir ſoin, concernant les épaules & la croupe, que celle des deux qui doit entrer la première dans le coin, le parcourt d'un bout à l'autre, & que celle qui entre la dernière, parcourt exactement le même eſpace de terrein. On ne ſçauroit trop faire attention à cette règle. La croupe ne doit jamais entrer la première dans le coin, excepté lorſqu'on va à reculons.

Dreſſer un Cheval à la main.

Le travail à la main, exige un certain dégré d'activité, un œil pénétrant, &, comme toutes les autres choſes qui concernent les Chevaux, un caractère heureux, beaucoup de jugement. Quoique la choſe ne paroiſſe pas difficile, j'ai connu peu de perſonnes qui aient paſſablement réuſſi, à l'exception de M. Sidney Medons. Commencez par faire trotter & galopper votre Cheval, en le tenant avec une longe attachée à l'anneau qui eſt à côté du caveçon, & à celui du ſurfaix (Planche 4). Il convient de mettre au haut de la têtière de la longe une courroie & une boucle sous la gorge, pour empêcher que le côté de dedans n'écorche l'œil du Cheval, comme il arrive souvent, lorsqu'on tire fortement la courroie. Ne faites ce que je dis ici, que pendant peu de tems à-la-fois. Si le Cheval s'appuie sur la courroie dont on se sert pour le tenir, ôtez-lui le caveçon, & servez-vous à sa place d'un autre à longs cordons, dont je parlerai dans la suite. Il est attaché à l'anneau du coussinet, d'où il passe dans l'œil du filet (Planche 5); & dans le cas où le Cheval porte la tête basse, à travers l'anneau de la têtière & celui du coussinet (Planche 6), dans la main de la personne à pied qui le dresse, le lâchant & le tirant selon l'occasion; ce qui empêche le Cheval de s'appuyer dessus, & le rend léger (Planche 6). Le long cordon dont je me sers ici, suffit sans la courroie, lorsque le Cheval est accoutumé à trotter autour de la personne qui est dans le centre, & qui tient le long cordon. Après que les Chevaux ont été un peu accoutumés à travailler avec une courroie & la longe, ils ne tarderont pas d'aller avec la simple courroie, sans le secours de la longe. Et en effet, on peut, avec un peu de patience & de douceur, apprendre aux Chevaux à pratiquer toutes les leçons qu'on leur donne, en les conduisant avec la main. Faites-le ensuite passager l'*épaule en-dedans*, la tête à la muraille, de même que la croupe, le faiſant piaffer, reculer, &c., peu-à-peu ſur toutes ſortes de figures. J'ai obſervé que la plupart des Chevaux paſſagent au commencement plus volontiers la tête, que la croupe à la muraille. Le travail à la main eſt, ſi je puis me ſervir de cette expreſſion, une eſpèce de conduite. En expliquant la méthode de s'en acquitter, j'enſeignerai la meilleure dans toute la ſuite de cet article. Il exige qu'on emploie deux perſonnes à pied: une ſeule peut ſuffire, lorſqu'elle eſt entendue; mais deux valent mieux au commencement. L'une tient un long cordon, &, dans quelques leçons, deux; attachés, comme je le dirai bientôt, & une chambrière, & ſe tient à quelque diſtance du Cheval. L'autre ſe place auprès, tenant les rênes du filet & un fouet, pour écarter le Cheval lorſqu'il le faut. Attachez un couſſinet avec une croupière ſur le Cheval. Il doit y avoir au haut & dans le centre du couſſinet, un gros anneau, & environ quatre pouces plus bas, un plus petit de chaque côté. Au haut du couſſinet, & un peu plus avant que le gros anneau, il y a une petite courroie & une boucle à laquelle on attache les rênes du filet, pour les empêcher de flotter, & afin que le Cheval ne s'embarraſſe pas les jambes dedans & dans la longe. On ne doit jamais dreſſer les Chevaux à la main avec quoi que ce ſoit dans leurs bouches, mais ſeulement avec un filet coulant, large, épais & bien uni. Une bride eſt trop chatouilleuſe, & capable de gâter leurs bouches, à moins qu'un habile homme ne s'en ſerve : car lorſqu'on dreſſe un Cheval à la main, il eſt preſqu'impoſſible de la manier avec la douceur & la délicateſſe qu'il faut. Les yeux du filet doivent être grands. Il doit avoir ſur la têtière, environ à la hauteur des yeux du Cheval, un anneau fixe de chaque côté. Celui qui a la chambrière, tient un cordon d'environ dix-huit pieds de longueur, pour ſe garantir des ruades. Ce cordon doit être uni, d'une groſſeur convenable, & lâche. Ce cordon, dans l'*épaule en-dedans* (Planche 7), à droite, tient à un petit anneau du couſſinet, où ſont attachées les rênes du filet. Il paſſe de-là à travers l'œil droit du filet, dans le petit anneau de la têtière qui eſt à droite, & par le grand anneau du couſſinet, dans la main de celui qui tient la chambrière, & qui, par le moyen de ce cordon, conduit le Cheval à droite, par l'épaule ; le ſuivant, tendant ou lâchant le cordon, ſelon qu'il juge à-propos de le faire. Lorſque l'avant-main du Cheval eſt haute & bien placée, il eſt inutile de paſſer le cordon dans l'anneau de la têtière. Dans le même tems, une autre perſonne qui eſt près du Cheval, les rênes du filet ſéparées,

& la droite attachée du côté droit, le conduit avec la rêne gauche du filet, marchant près de sa tête, observant s'il a les épaules bien placées, & s'il ne s'écarte point de la droite, ce qui est occasionné par le cordon que l'autre personne tient, qui, lorsqu'on donne cette leçon à droite, tient le cordon de la main droite, & la chambrière de la gauche, & *vice versâ.* Il doit s'en servir, & se tenir plus ou moins sur le flanc, le centre, ou la croupe du Cheval, selon qu'il le juge à-propos. Dans le changement de la droite à la gauche, dans l'*épaule en-dedans*, celui qui est le plus près du Cheval, doit passer le plus vîte qu'il peut du côté gauche du Cheval, & celui qui tient la chambrière, doit faire la même chose. Le premier le devance du côté de la tête, & le second le suit en passant derrière la croupe, & *vice versâ* du côté gauche. Lorsqu'on travaille un Cheval, la tête & la croupe à la muraille, ces deux hommes doivent se placer de manière à pouvoir exécuter ces changemens. Dans cette leçon de l'*épaule en-dedans* à la main, lorsque le Cheval est grossier, pesant sous la main, roide, opiniâtre, vicieux, à reculer ou à ruer, rien n'est plus utile qu'un bâton ou un piquet. Le bâton, qui a environ sept pieds de longueur, est attaché par le moyen d'une courroie & d'une boucle à l'œil du filet, à travers lequel les rênes passent. Un homme se place à une certaine distance, à côté de la tête du Cheval, marchant devant lui dans l'endroit où on le dresse. Il saisit le bâton de la longueur du bras, après l'avoir attaché de façon qu'il ait du jeu, à mesure qu'il le retire & l'avance pour lui rafraîchir & animer la bouche. L'autre personne tient une longue rêne & la chambrière, comme on le voit dans la Planche 7. Cette leçon a cela de commun avec les piliers, qu'elle est bonne ou mauvaise, suivant ceux qui la donnent. J'ai vu un Cheval à qui l'on rompit la mâchoire, & coupa la langue en deux morceaux, en le dressant de la sorte. Il faut donc se conduire adroitement & avec modération, ou y renoncer. Cette méthode est bonne pour les Chevaux qui portent la tête basse, ou qui regimbent en piaffant, lorsqu'on les fait avancer. On peut se servir de ce bâton dans presque toutes les leçons que l'on donne.

Pour dresser un Cheval à la main, la tête & la croupe à la muraille (Planche 8), on doit employer deux cordons attachés, comme je l'ai dit ci-dessus, à l'exception qu'ils ne doivent point passer par le gros anneau du coussinet, mais par les petits de la têtière, dans la main de celui qui tient la chambrière. Un seul peut suffire à la vérité; celui qui est du côté droit, pour passager à droite, & *vice versâ*. Mais deux valent mieux, & sont souvent nécessaires pour tenir le Cheval dans une position convenable. Il n'est pas besoin de passer les cordons dans les anneaux de la têtière, lorsque le Cheval porte bien sa tête. Lorsqu'on les fait passer à travers, il faut s'en servir de façon qu'ils ne fatiguent point la bouche du Cheval. Ces deux cordons doivent être bouclés ensemble, & aboutir dans la main de celui qui tient la chambrière, & qui est placé du côté gauche du Cheval. Les rênes du filet doivent pareillement être jointes, & la personne qui est placée près du Cheval, & qui les tient, doit aussi se placer du côté gauche, près de l'épaule, tenant la rêne droite du filet plus courte, pour l'amener de ce côté; ce que fait aussi la rêne droite, se servant de la gauche, lorsqu'il le faut, pour contenir le Cheval dans une position convenable, & pour le conduire où elle veut, de même que si elle le montoit. Cette leçon à la main, la tête ou la croupe à la muraille, produit souvent plus d'effet, lorsque la personne qui suit, & qui tient la chambrière, ne se sert que d'une longue rêne, au lieu de deux, à moins que le Cheval ne soit mal-adroit, têtu ou folâtre: car une des longues rênes peut embarrasser celui qui est près du Cheval. Lorsqu'on ne se sert que d'une longue rêne, il faut la tourner à droite, si l'on veut passager de ce côté-là, & *vice versâ*. En effet, dans les autres leçons que l'on donne à la main, ces longues rênes ne sont plus nécessaires, lorsque le Cheval est docile, pourvu que la personne qui est près de lui, ait une main bonne & sensible, & sçache ce qu'elle doit faire.

Lorsqu'on dresse un Cheval, la tête ou la croupe à la muraille, il convient qu'un homme avec un long cordon bouclé simplement à l'œil du filet, marche devant, pour le conduire le long de la muraille. Les Chevaux, avec le soin & la patience, ne tarderont pas long-tems à être dressés; mais ils ne le seront jamais si bien, que sous la main d'un habile Écuyer. Les Chevaux qu'on a bien dressés à la main, ont très-bonne grâce, lorsqu'ils viennent au milieu du manége, & qu'on les fait reculer en piaffant, aussi bien que dans le piaffe, dans la même place, soit qu'ils soient pliés ou droits (Planche 9), lorsqu'on sçait les animer à-propos, les tenir dans une bonne position, & bien ménager leurs bouches. Après que les Chevaux se sont familiarisés avec cette méthode de les dresser à la main, on doit les passager peu-à-peu, & les promener au pas, au trot & au galop, mais toujours doucement, sans précipitation, ni confusion. Rien ne les détermine mieux que de les dresser à la main, lorsqu'on s'y prend comme il faut. Comme on ne peut exiger la même exactitude & la même délicatesse de tous les Soldats que l'on dresse dans une École militaire, il convient de dresser ceux qu'on leur destine pendant quelque tems à la main, avant de les leur faire monter. Après que le Cheval est monté, celui qui tient la chambrière doit tenir un de ces cordons ; & il est à-propos qu'elle le fasse quelquefois dans toutes les leçons, sur quelque figure que l'on passage les Chevaux. Ce cordon attaché, comme dans l'*épaule en-dedans*, avec cette seule différence qu'il aboutit immédiatement de l'œil du filet, à la main de la personne qui est à pied, dans le centre du cercle, aide celle qui monte le Cheval avec la longe, à le conduire, de même que dans toutes les autres leçons. Lorsque le Cheval est monté, lorsqu'on dresse un Cheval la tête ou la croupe à la muraille, à piaffer, &c., &c., il faut le faire passer (par exemple, lorsque le Cheval a la tête à la muraille, &c., &c., à droite), par l'œil du filet, dans la main de la personne qui est à pied, & qui est à la gauche du Cheval. Il est inutile de le faire passer par le petit anneau de la têtière; vu que le Cavalier peut lui-même diriger la tête de son Cheval. Il convient quelquefois de passer le cordon dans la main du Cavalier. On doit l'attacher comme auparavant, comme un filet coulant, aux panneaux de la selle, d'où il passe, comme j'ai dit ci-dessus, par l'œil du filet dans la main de la personne qui est à pied. C'est encore une bonne leçon à donner à un Cheval, de le faire piaffer en quarré, & sur toutes les autres figures, sans être montés. Un homme doit se placer devant le Cheval, tenir le filet par les deux yeux, & le faire avancer doucement, en reculant lui-même. Celui qui a la chambrière, se tiendra derrière pour l'animer, ou ne pas l'animer, selon qu'il le jugera à-propos. Il convient de monter quelquefois un Cheval de la manière que je viens de dire, sur quelque figure qu'on le fasse passager. C'est le dégré de vivacité ou de pesanteur du Cheval qui doit régler l'usage de la chambrière, & déterminer l'endroit où celui qui la tient doit se placer, pendant qu'on dresse le Cheval. Lorsqu'il l'est parfaitement, le mieux qu'on puisse faire, est de le faire travailler par une seule personne, avec de longues rênes & une chambrière, sans qu'un second l'aide. Tous les airs à la main doivent se faire de même, lorsque l'animal est souple & obéissant.

Le travail à la main a cela d'avantageux dans l'équitation militaire, qu'il épargne au Cheval la fatigue que lui cause la pesanteur d'un Cavalier. Presque tous les Soldats Européens se plaignent qu'on ne donne pas aſſez d'avoine à leurs Chevaux, ce qui eſt cauſe qu'ils manquent de force. Lorſqu'on donne à un Cheval une ration d'avoine ſuffiſante, il a beaucoup plus de feu & d'activité, outre que cela contribue à l'aſſouplir & à le déterminer. Il eſt cependant certain qu'un bon Cavalier, qui ſent tous les mouvemens de ſon Cheval, agit avec plus de préciſion, de délicateſſe & d'exactitude, qu'un autre.

Une grande partie de ce que j'ai dit ici, appartient proprement à d'autres Chapitres : mais pour ne pas diviſer mon ſujet, j'ai placé dans celui-ci tout ce que j'avois à en dire.

CHAPITRE IV.

De la tête & de la croupe à la muraille.

On doit pratiquer cette leçon immédiatement après celle de l'*épaule en-dedans*, pour donner au Cheval une allure fixe & réglée. La différence entre la tête & la croupe à la muraille, consiste en ceci. Dans la première, les parties de devant sont plus éloignées du centre, & parcourent un plus grand espace. Dans la seconde, celles de derrière sont plus éloignées du centre, & parcourent par conséquent plus de terrein. Dans ces deux leçons, de même que dans toutes les autres, à l'exception de celles dans lesquelles le Cheval est monté, les épaules doivent avancer les premières. Dans les manéges, la tête à la muraille est la leçon la plus aisée, parce que la ligne sur laquelle on passage, est marquée par la muraille, qui n'est pas éloignée de la tête du Cheval. On doit varier toutes les leçons, pour prévenir la routine.

Le mouvement des jambes dans cette leçon-ci à droite, est le même que celui de l'*épaule en-dedans* à gauche, & *vice versâ;* mais la tête est toujours tournée différemment. Dans l'*épaule en-*

dedans, le Cheval regarde du côté opposé à celui où il va. Dans celle-ci, il fait le contraire.

On doit, au commencement, exiger peu de chose du Cheval, pour ne pas l'embrouiller & l'obliger de se défendre. On le ménagera moins dans la suite. Lorsque le Cheval refuse absolument d'obéir, c'est un signe que ni lui, ni le Cavalier n'ont pas été suffisamment préparés par des leçons antérieures. Il peut arriver que la foiblesse, une blessure dans quelque partie du corps, le caractère du Cheval, ce qui est rare, l'obligent de sa défendre. C'est au Cavalier à découvrir la cause des obstacles qu'il éprouve, & à y remédier. Si c'est la première cause, il recommencera ses leçons; si c'est la seconde, il y apportera les remèdes convenables; si c'est la dernière, si les moyens qu'il a employés ne produisent aucun effet, il le corrigera avec autant de modération & de prudence, qu'il lui sera possible.

Pour pratiquer cette leçon à droite, conduisez le Cheval du même côté, avec la rêne droite. Aidez-le à passer la jambe gauche sur la droite, aussi-tôt qu'il a posé la droite à terre, en approchant la rêne gauche de la droite, & tenant l'épaule droite reculée, avec la rêne droite, pour l'aider à passer la jambe gauche sur la droite, & de même *vice versâ* à gauche, une rêne aidant l'autre, par le moyen de leurs effets combinés. En paſſageant à droite, le Cavalier doit ſe ſervir de ſa jambe gauche pour diriger les parties de derrière du même côté, & de la droite pour les arrêter, au cas qu'elles avancent trop, & ainſi *vice verſâ* à gauche. On ne doit uſer de ces deux moyens, qu'après que la main employée, comme je l'ai dit ci-deſſus, n'a point produit ſon effet, & qu'on s'apperçoit qu'il faut uſer de force pour obtenir ce quon veut; car les jambes doivent non-ſeulement agir avec les mains, mais encore les ſeconder. Il faut, autant qu'on peut, éviter la force, auſſi bien que les aides inutiles. En commençant cette leçon, la croupe ne doit pas être trop gênée. Vous la gênerez davantage peu-à-peu, à meſure que le Cheval deviendra plus ſouple.

En pratiquant toutes ces leçons, le Cavalier doit avoir ſoin de tenir ſon corps en équilibre; car rien ne ſoulage davantage le Cheval, & ſeconde tous les mouvemens qu'il fait, ſoit à droite, ſoit à gauche. On gêne l'allure du Cheval, lorſqu'on néglige de le faire.

Cette leçon eſt d'un uſage continuel, par exemple, pour ouvrir & ſerrer les files; & quoiqu'on doive principalement la pratiquer ſur des lignes droites, on peut également le faire lorſqu'on recule, qu'on avance, qu'on fait volte-face, &c. En un mot, elle eſt d'un uſage eſſentiel dans quelque cas que ce puiſſe être. On doit la pratiquer dans tous les pas, ſoit grands, ſoit raccourcis, mais d'abord avec modération. On doit auſſi ſouvent changer de main ſur deux piſtes. Il eſt naturel de croire qu'il y a des hommes & des chevaux plus ou moins intelligens, actifs, vigoureux & ſouples que d'autres, & par conſéquent plus ou moins faciles à dreſſer. On pratiquera cette leçon avec la longe, ou ſans longe, ſelon qu'on le jugera néceſſaire.

Quelque Cheval que l'on monte, quelque leçon que l'on prenne, quelque exercice que l'on faſſe, on obſervera qu'il n'y a point de Cheval qui n'ait ſon point d'appui, une ſenſibilité de bouche, & un caractère qui lui eſt propre, & qu'il impoſe extrêmement au Cavalier de bien connoître. Un mauvais Cavalier émouſſe, & ſouvent même détruit la délicateſſe de l'un & de l'autre, & cela n'arrive que trop ſouvent. Le Cheval fait connoître à celui qui le monte, s'il a ou non l'appui convenable, par la manière dont il joue avec ſon mors, & par l'écume qu'il rend. Un homme qui a la main bonne & délicate, conſerve non-ſeulement la légèreté, ou la ſenſibilité de l'appui ; mais encore rend léger celui qui eſt peſant, ſoit qu'il ſoit tel naturellement, ſoit qu'il ſoit acquis.

Plus cet appui est léger, il est meilleur; mais la main du Cavalier doit correspondre avec lui. Lorsque cela n'est pas, plus le Cheval est dressé, plus il est mauvais pour celui qui le monte. On voit tous les jours des inconvéniens du meilleur appui, lorsque le Cavalier & le cheval ne sont pas également bien dressés, dans quelques personnes qui essaient de brider leurs Chevaux, quoiqu'ils le fassent rarement bien, sans être en état de les monter. Il arrive de-là qu'ils risquent à tout moment de se casser le cou. Ils sont sans cesse à tirailler; & par un effet de l'insensibilité & de l'ignorance des Cavaliers & de leurs Palfreniers, les pauvres animaux deviennent tous les jours moins sensibles, galoppent à tort & à travers, & deviennent, à ce que ces gens-là disent, plus dressés & plus agréables, c'est-à-dire, aussi insensibles que ceux qui les montent. Comme ces derniers n'ont aucun sentiment, & ne sont pas fermes sur leurs selles, ils sont obligés de se tenir avec la bride, ou d'être desarçonnés. On trouve tous les jours des gens qui vous disent qu'ils aiment un Cheval qui leur permet de peser un peu sur sa bouche; mais ces sortes de gens sont non-seulement des gens ignorans & sans sensibilité, mais des gens peu fermes sur leurs selles. Si cela n'étoit pas, ils ne peseroient pas ainsi sur la bouche de leurs Chevaux, parce qu'ils connoîtroient l'inutilité de cette conduite. Il convient d'aider un Cheval de tems en tems. Lorsqu'on a trouvé le vrai appui, & qu'on l'a rendu le plus léger qu'il est possible, on doit le varier. Lorsqu'on néglige de le faire, les rênes, à force d'être longtems tendues, quand même elles ne le seroient pas trop, appesantissent la main du Cavalier & la bouche du Cheval, & les rendent insensibles. Pour prévenir cet inconvénient, il faut les tirer & les lâcher le plus souvent que l'on peut.

Quelques pas que le Cheval fasse, soit qu'il aille vîte ou lentement, ils doivent être cadencés. La mesure est aussi nécessaire à un Cavalier qu'à un Musicien.

Chaque Cavalier doit posséder à fond cette leçon de la tête & de la croupe à la muraille. On ne sçauroit sans elle faire aucune manœuvre. On en a besoin à tout moment, pour ouvrir & serrer les filets. Il y a peu d'Écuyers de Régiment qui la pratiquent, l'enseignent & la possèdent comme il faut. Ils usent de force, sont cause que leurs Chevaux manœuvrent mal. C'est un malheur pour le service, qu'il y ait si peu d'Écuyers instruits des vrais principes du manége. On peut pratiquer cette leçon de la tête ou de la croupe à la muraille sur toutes sortes de pas; mais pour les raisons que je dirai à la fin du sixième Chapitre, je me bornerai à un petit nombre d'instructions sur le galop, parce que la nature d'un corps de cavalerie ne permet pas d'instruire les Soldats avec l'exactitude nécessaire. Lorsqu'un Cheval est bien dressé, quelque lentement qu'il marche, on peut aisément lui apprendre à pratiquer la même leçon, avec autant de vitesse que l'on voudra. Lorsqu'il galoppe, le Cavalier doit se tenir tranquille, être exact dans les changemens, & avoir soin d'arrêter la jambe du Cheval, qui agit avant qu'il l'ait posé à terre, en tirant légèrement la rêne du même côté; ce qui l'obligera à avancer l'autre. Pour que le Cheval avance en même tems la jambe gauche, ce qui est absolument nécessaire, le Cavalier doit croiser la rêne sur sa main, par exemple, du côté gauche, s'il change de la gauche à la droite, & la remettre en place, à l'instant que le Cheval a changé de l'avant-main & de l'arrière-main, & cela dans le même tems.

CHAPITRE V.

Le Trot.

ON diftingue le trot en trois fortes de viteffes ; le fouple, l'égal (le déterminé, le délié & l'uni). Ces mots font fi fçavamment & fi élégamment expliqués dans le *nouveau Newcaftle* de M. Bourgelat, que je ne puis me difpenfer d'inférer ici le chapitre qu'il a donné là-deffus.

Un Cheval qui trotte a deux pieds en l'air & deux fur terre ; mais croifés en même tems, je veux dire que le pied de devant qui eft en-dedans, & le pied de derrière qui eft en-dehors, font en l'air, & les autres fur terre, & ainfi alternativement des deux autres. L'action des jambes eft la même lorfqu'il marche, excepté que ce mouvement eft plus accéléré dans le trot. Tous les Écrivains, tant anciens que modernes, prétendent unanimement que le trot eft le fondement de toutes les leçons qu'on peut donner à un Cheval. Il n'y en a aucun qui n'ait donné des règles générales fur ce fujet ; mais aucun n'a été affez exact pour donner le détail des règles particulières, & diftinguer les cas qui font différens, & qui fouffrent des exceptions, quoiqu'ils diffèrent fouvent suivant le caractère des Chevaux, y en ayant quelques-uns qui sont plus ou moins propres à ce à quoi on les destine. En suivant leurs maximes générales, plusieurs Chevaux ont été ruinés & rendus pesants, au-lieu d'être souples & actifs, & l'observation de leurs principes, quoique vrais, a occasionné autant de mal, que s'ils avoient été dictés par l'ignorance même. Il y a trois qualités nécessaires pour rendre le trot utile. Il doit être allongé, souple & égal. Ces trois qualités sont relatives, & dépendent mutuellement l'une de l'autre. En effet, on ne peut passer au trot pour assouplir les jeunes Chevaux, qu'on n'ait passagé sur le trot allongé; & vous ne parviendrez jamais à un trot uni, que vous n'ayez pratiqué celui que je viens de dire. J'appelle trot allongé celui avec lequel les Chevaux trottent sans s'arrêter en droite ligne. C'est donc par cette espèce de trot qu'il faut commencer. Avant de songer à autre chose, il faut apprendre au Cheval à embrasser & à couvrir le terrein qu'il parcourt promptement & sans crainte. Le trot peut cependant être allongé, sans être souple; car le Cheval peut avancer, sans avoir cette souplesse des membres, qui distingue & caractérise le Cheval souple. J'appelle trot souple, celui dans lequel le Cheval, à chaque mouvement qu'il fait, plie toutes ses jointures, c'est-à-dire, celles de ſes épaules, de ſes jarrêts & de ſes pieds, ce que les Poulains ne peuvent faire, lorſque leurs membres ne ſont point aſſouplis par l'exercice. Ces derniers trottent rudement & de mauvaiſe grâce, ſans plier leurs jointures. Le trot uni ou égal eſt celui dans lequel le Cheval meut tous ſes membres & toutes ſes jointures ſi également & ſi exactement, que ſes jambes ne couvrent pas plus de terrein l'une que l'autre, ni dans un tems, plus que dans un autre. Pour cela faire, le Cheval doit néceſſairement raſſembler toutes ſes forces; & s'il m'eſt permis d'uſer de cette expreſſion, les diſtribuer également dans toutes ſes jointures. Pour paſſer du trot allongé au ſouple, vous devez retenir doucement & peu-à-peu votre Cheval; & après qu'à force d'exercice il a acquis aſſez de ſoupleſſe pour agir librement, vous devez le retenir de plus en plus, & vous l'amenerez inſenſiblement à trotter également. Le trot eſt le premier exercice que l'on fait faire à un Cheval. C'eſt une leçon néceſſaire, mais qui, lorſqu'on la donne mal, devient inutile & nuiſible au Cheval. Les Chevaux d'un tempérament ardent & chagrin, ont généralement une trop grande diſpoſition au trot allongé. N'abandonnez jamais ces Chevaux à eux-mêmes; retenez-les, appaiſez-les, modérez leurs mouvemens, en les retenant avec jugement. Leurs membres s'assoupliront, & ils acquerront en même tems cette union & cette égalité, qui sont essentiellement nécessaires. Si vous avez un Cheval pesant, examinez si cette pesanteur, ou roideur de ses épaules ou de ses jambes, provient d'un défaut de force ou de souplesse, de ce qu'il a été dressé par un ignorant, trop ou trop peu. S'il est pesant, parce que le mouvement de ses épaules & de ses jambes est naturellement foible, quoiqu'il ait tous les membres bons, & sa force confinée, si je puis user de cette expression, un exercice modéré & continuel du trot, assouplira & dégagera ses jointures, & rendra l'action de ses épaules & de ses jambes plus libre & plus hardie. Tenez-le par la main, & soutenez-le pendant qu'il trotte, mais de façon à ne point l'arrêter. Bridez-le, & faites-le avancer pendant que vous le soutenez. Souvenez-vous en même tems que, s'il a une grosse tête, la continuation du trot rendra son appui dur, parce qu'il s'abandonnera de plus en plus sur ses jambes. Tous les Chevaux qui sont disposés à être *ramingues*, c'est-à-dire, à se retenir & à être rétifs, doivent être exercés dans le trot allongé. Tous les Chevaux qui sont tels, sont naturellement disposés à rassembler toutes leurs forces. Lorsque vous rencontrez de pareils Chevaux, il faut les obliger à avancer; & dans l'instant qu'ils obéissent

& marchent librement, les retenir un peu, & ensuite leur lâcher la bride. Ils plieront aussi-tôt leurs jointures, & marcheront également. Un Cheval d'une disposition froide & paresseuse, mais naturellement fort, doit pareillement être mis au trot allongé. A mesure qu'il s'anime & devient plus libre, retenez-le peu-à-peu, pour l'amener au trot souple; mais si, pendant que vous le retenez, vous vous appercevez qu'il rallentit son action & s'arrête, servez-vous hardiment des aides, & faites-le avancer, en le retenant doucement. Il apprendra, par ce moyen, à trotter tout-à-la-fois librement & également. Si un Cheval d'un tempérament froid & paresseux, a les jambes & les reins foibles, vous devez le ménager, en le faisant trotter, sinon vous l'énerverez & le ruinerez. Pour tirer tout le parti que vous pouvez d'un Cheval foible, exercez-le doucement par intervalles, en augmentant peu-à-peu la vigueur de cet exercice. Souvenez-vous de renvoyer votre Cheval avant qu'il soit excédé de fatigue. Souvenez-vous aussi de ne point trop prolonger vos leçons, dans l'espoir d'assouplir ses membres par le trot: vous gâteriez & endurciriez son appui, ce qui est un cas qui n'arrive que trop souvent. Souvenez-vousencore de ne jamais retenir votre Cheval, ni dans le trot allongé, ni dans le souple, ni dans l'égal, dans l'espoir de le relever & de lui faire tenir la tête comme il faut. Si son appui est bon, & que vous le reteniez avec la bride, ses barres deviendront bientôt calleuses. Sa bouche s'endurcira & perdra sa sensibilité. Si au contraire il a la bouche délicate & sensible, cette même contrainte le mettra de mauvaise humeur. Dans ce cas, vous devez tâcher, comme je l'ai dit ci-dessus, de lui rendre par dégré & insensiblement le vrai appui, de bien placer sa tête, & de lui former la bouche par des arrêts & des demi-arrêts, en le modérant & le retenant légèrement, lui cedant aussi-tôt après, & le laissant quelquefois trotter, sans lui faire sentir la bride. Il y a beaucoup de différence entre les Chevaux qui sont pesants à la main, & ceux qui tâchent de la forcer. Les premiers se jettent en avant, & portent entièrement sur la main, soit à cause qu'ils sont foibles, ou trop pesants, & qu'ils ont les jambes de devant foibles, ou la bouche trop charnue, grossière, & par conséquent insensible. Les seconds forcent la main, parce qu'ils ont les barres dures, maigres, & généralement roides. On peut accoutumer les premiers à marcher également, par le moyen du trot & du petit galop, & rendre les seconds légers & actifs, en les affermissant dans leur trot, ce qui leur donnera aussi de la force & de la vigueur. Les

Chevaux de la première espèce sont généralement paresseux ; les autres, pour la plupart, impatiens, désobéissans, & par conséquent dangereux & incorrigibles. La seule preuve, ou plutôt le signe le plus certain que votre Cheval est bon trotteur, est qu'il s'efforce de galoper. Après l'avoir fait trotter suffisamment sur une ligne droite, ou en avant, passagez-le à petits pas autour du cercle, pour qu'il connoisse le terrein sur lequel il est : après quoi, faites-le trotter. Un Cheval qui a l'avant-main pesant & mal fait, a infiniment plus de peine à réunir ses forces, pour parcourir une ligne circulaire, qu'une droite. Le mouvement qu'il fait en tournant, lui fait éprouver la force des rênes, occupe sa mémoire & son attention. Commencez donc par le faire trotter en avant, & achevez votre leçon de même, observant que les intervalles que vous laissez entre les arrêts qui doivent être fréquens, soient longs ou courts, selon que vous le jugez nécessaire. Vous devez, dis-je, faire souvent des arrêts, parce qu'ils servent à corriger les Chevaux qui s'abandonnent, qui forcent la main, ou qui pèsent trop dessus lorsqu'ils trottent. Il y a des Chevaux qui ont les épaules souples, & qui néanmoins s'abandonnent. Ce défaut provient de ce que les Cavaliers ont tenu les rênes trop tendues, en les travaillant sur de grands cercles.

Pour y remédier, faites-les longtems trotter en avant; arrêtez-les ſouvent, en reculant votre corps & votre jambe de dehors, pour leur aſſouplir les hanches. Les principaux effets du trot ſont de rendre un Cheval léger & actif, & de lui donner un bon appui. Dans cette action, il eſt toujours ſoutenu d'un côté par une des jambes de devant, & de l'autre, par une de derrière. Au moyen de quoi, les jambes de devant ſe croiſant avec celles de derrière, & ſe ſoutenant les unes les autres, le Cheval ne peut manquer d'aſſouplir & de délier ſes membres, de fixer ſa tête; mais ſi le trot diſpoſe & prépare les forces & les mouvemens d'un Cheval nerveux & actif, à exécuter comme il faut les leçons qu'on lui donne; s'il développe les forces de l'animal, qui étoient concentrées, ſi je puis uſer de cette expreſſion, dans la roideur de ſes jointures & de ſes membres; ſi cet exercice que vous faites faire à votre Cheval, eſt le fondement de tous les différens airs & manéges, il faut le proportionner à ſes forces. Pour juger de ceci, il ne faut pas vous en tenir aux apparences extérieures. Un Cheval peut avoir les reins foibles, & cependant exécuter quelque air avec vigueur, auſſi longtems que ſes forces ſont unies & entières; mais ſi elles ſe diviſent, pour l'avoir fait trotter trop longtems, il l'exécutera ſans vigueur & ſans grâce. Il y a pareillement des Chevaux qui ont les reins forts & les jambes foibles. Ces derniers sont sujets à se retenir : ils plient dans leur trot, & marchent comme s'ils craignoient de blesser leurs épaules, leurs jambes & leurs pieds. Cette irrésolution provient de la connoissance qu'ils ont de leur foiblesse. On ne doit point trop faire trotter ces sortes de Chevaux, ni les corriger trop rudement. On leur affoibliroit les épaules, les jambes & les jarrets ; & s'accoutumant en peu de tems à se jetter en arrière & à s'abandonner sur l'appui, ils deviendroient incapables d'exécuter un air avec vigueur & justesse. Chaque leçon que vous donnez, doit être conduite avec jugement. Le seul moyen d'obtenir d'un Cheval ce que vous voulez, est de vous proportionner à ses forces, de connoître l'espèce d'air ou de manége qui lui convient, selon son inclination & sa capacité.

CHAPITRE VI.

Manière de faire reculer & avancer un Cheval. Ce que c'est que piaffer. Des Piliers, tant fixes que mobiles.

COMME j'ai parlé ci-dessus, dans le Chapitre où j'enseigne la manière d'assouplir un Cheval, & du reculement, je n'insisterai pas beaucoup sur ce sujet, vu que le Lecteur est à même de le consulter. Lorsqu'on dresse des Chevaux qui n'ont jamais été entre les piliers, ni piaffé, il faut les faire reculer pendant quelque tems, tantôt vîte, tantôt lentement, mais sans confusion, tant à la main, que lorsqu'on les monte. Ne faites jamais reculer à la fin de votre leçon des Chevaux qui ont de la disposition à se retenir : faites-les un peu avancer, & tenez-les un peu sur les hanches, avant de mettre pied à terre. Je suppose ici qu'ils se retiennent longtems. Dans ce cas, n'exigez rien des hanches, & mettez-les immédiatement au grand trot. Cette leçon que l'on donne à un Cheval, pour lui apprendre à reculer & à piaffer, est excellente pour le bien mettre sur ses hanches. Tenez-lui l'avant-main haut, mais sans le gêner; car vous l'empêcheriez d'agir. Accoutumez quelquefois les Chevaux à le faire : c'eſt une bonne leçon. Réglez-vous ſur le plus ou le moins de ſoupleſſe du Cheval, ſoit qu'il avance, qu'il recule, ou qu'il reſte dans la même place. Il ſuffit à un Cheval de Cavalier de le faire en avançant, ou tout au plus dans la même place ; car le faire piaffer en reculant, c'eſt trop exiger dans une École compoſée d'un ſi grand nombre de Soldats & de Chevaux. On ne doit employer cette leçon, que lorſque les Chevaux ſont bien aſſouplis & accoutumés enſemble. On les rendroit rétifs, ſi l'on ſe conduiſoit autrement ; & cela arriveroit infailliblement, ſi on ne la pratiquoit avec la plus grande exactitude & la plus grande délicateſſe, ſur-tout lorſqu'on a à faire à des Chevaux enclins à ſe retenir & à ſe défendre. Dans le cas où le Cheval refuſe de reculer, & reſte immobile, le Cavalier doit lui preſſer légèrement les flancs, & faire agir les rênes, pour le faire reculer. Ce moyen ne manque preſque jamais de réuſſir. On oblige par-là le Cheval à lever une jambe de devant ; & comme il ne poſe plus deſſus, on le fait aiſément reculer, pour peu qu'on tire les rênes. Lorſque cette leçon eſt bien donnée, elle a quelque choſe de noble, d'utile & d'agréable. C'eſt la première que l'on doit donner aux Écoliers entre les piliers. Les Chevaux des nouveaux Régimens ne ſçauroient la pratiquer, parce

parce qu'ils ne sont point dressés ; mais il est aisé de remédier à cet inconvenient, avec un peu de tems & de patience.

La leçon dont je parle, est sur-tout utile entre les piliers, pour bien placer les Ecoliers, & leur apprendre à bien se tenir à cheval. Il y a peu de Régimens de Cavalerie qui aient des piliers ; & il est heureux que cela soit : car quoiqu'ils soient une des meilleures & des plus importantes découvertes du manége, lorsqu'on sçait s'en servir comme il faut, ils sont très-dangereux & très-pernicieux, lorsqu'ils ne sont pas sous la direction d'une personne intelligente. En un mot, quoique j'approuve extrêmement les piliers, je suis d'avis qu'on n'en emploie aucun, à moins qu'ils ne soient sous les yeux d'un Maître intelligent : mais on en trouve si peu dans les Régimens, qu'on doit entièrement les bannir. C'est ce qui fait que je n'en dirai rien de plus, malgré le cas que j'en fais. Quant au pilier simple, employé, comme on le faisoit autrefois, il me paroît également inutile & ridicule ; & comme j'espère qu'on l'abandonnera, je n'en dirai rien de plus. Les piliers mobiles ne sont pas sujets aux mêmes inconvéniens que les fixes ; & je suis d'avis qu'on s'en serve dans les Régimens de Cavalerie. J'entends par piliers mobiles, un Cheval que deux hommes tiennent entre deux rênes. Un autre le ſuit avec une chambrière pour l'animer, ou le ralentir, ſelon qu'il le juge à-propos, & le faire piaffer en avant ou à reculons, avec de longues rênes. Lorſqu'on ſe ſert de longues rênes, ou plutôt d'une longue rêne, ou d'un long cordon, car un ſuffit ordinairement, on doit l'attacher du côté vers lequel le Cheval veut aller. Il eſt attaché à la ſelle; il paſſe par l'œil du filet, & par l'anneau de la têtière, lorſque le Cheval a coutume de porter la tête baſſe. Un homme, indépendamment de celui qui tient la chambrière, ſuffit dans ce cas-ci. On conduira le Cheval à droite, ou à gauche, où on le laiſſera en place. Cette méthode eſt particulièrement utile pour les Chevaux qui ont les jambes de derrière roides. Cette même règle eſt bonne pour tous les Chevaux qui ſont dans le même cas. Il faut les travailler hardiment ſur de grands terreins, & ne les jamais aſtreindre à de petites figures. Un Cheval a très-bonne grâce dans cette attitude, lorſque ceux qui le tiennent, ont les mains légères, & lui font porter la tête haute. Ils doivent tous deux avoir une gaule pour écarter le Cheval en cas de néceſſité. Cette leçon peut être pratiquée par un homme ſeul, avec de longues rênes, comme on le voit dans la Planche 10.

Il n'eſt preſque pas poſſible, ni même néceſſaire,

d'enseigner les parties les plus raffinées & les plus difficiles du manége, aux hommes & aux Chevaux qui composent les Régimens, vu la différence de leurs espèces & de leurs dispositions; & quand la chose seroit possible, comment trouver le tems de le faire? J'espère qu'on fera quelque établissement pour former de bons Ecüyers, de bons Maréchaux, de bons Selliers, de bons Armuriers; en un mot, tout ce qui est néeessaire pour établir une armée sur un bon pied. Ces sortes d'Ouvriers sont absolument nécessaires, & on peut les partager dans les Régimens & les escadrons. Il doit y avoir dans chacun un Ecuyer en chef, & plusieurs Sous-Ecuyers. Le premier aura soin de veiller sur ceux-ci, & donnera tour-à-tour des leçons à tout le Régiment, allant d'un quartier à l'autre, au cas qu'il soit séparé. Il dressera pareillement les Chevaux des Officiers, ou, ce qui vaut encore mieux, il leur apprendra à les dresser eux-mêmes; car j'ai honte de le dire, il n'y a point de gens au monde qui aient plus besoin d'instruction. Il convient, pour exciter l'émulation, qu'ils assistent aux leçons, & suivent l'Ecuyer deux ou trois fois la semaine, au moins. Je devrois insister ici sur la nécessité de la lecture & de l'étude, pour former de bons Ecuyers, quoique je sçache parfaitement, comme l'observe le célèbre M. Bourgelat, que la plupart de ces Meſſieurs, qui ſe diſent Connoiſſeurs, n'agiſſent que par préjugé. Dans la perſuaſion où ils ſont que la pratique ſeule peut les perfectionner, ils mépriſent également les Auteurs & leurs livres. L'équitation eſt ſans contredit une ſcience. Chaque ſcience eſt fondée ſur des principes; & la théorie eſt d'une néceſſité indiſpenſable, parce que ce qui eſt vrai & beau ne ſçauroit dépendre du haſard. En effet, que peut-on attendre d'un homme qui n'a d'autre guide, qu'une pratique continuelle, & qui ne travaille qu'au haſard? Incapable de rendre raiſon de ce qu'il fait, il ne ſçauroit me communiquer ſes lumières, ni les connoiſſances qu'il croit poſſéder. Comment puis-je donc le regarder comme un Maître? D'un autre côté, quels avantages ne dois-je pas me promettre des inſtructions d'un homme, que la théorie met en état de comprendre, & de ſentir les effets des opérations les plus légères, & m'inſtruire des principes, que je ne ſçaurois acquérir dans un ſiècle? Il eſt certain que l'équitation exige un exercice conſtant & aſſidu; qu'avec l'habitude & la pratique, on fait des progrès rapides dans tous les exercices qui dépendent du mécaniſme du corps; mais à moins que ce mécaniſme ne ſoit bien fixé, & fondé ſur la bâſe ſolide de la théorie, on ne peut éviter de tomber dans une infinité d'erreurs. Le principal objet de celui qui dresse un Cheval, est d'exercer l'esprit & la mémoire de l'animal, aussi bien que son corps. Il doit s'étudier à connoître son inclination naturelle & ses talens, afin de tirer avantage de cette connoissance. Sans le secours des lumières que donnent les véritables principes, il est impossible qu'un Cavalier fasse usage de sa raison dans toutes les occasions, ni puisse découvrir, s'il n'apporte beaucoup de soin & d'attention, ce qui peut le conduire à la fin & à l'objet de ses espérances, de ses desirs & de ses entreprises; à cause, pour m'expliquer en peu de mots, qu'on a absolument besoin de quelque méthode, pour perfectionner la disposition naturelle de l'animal, qui, dans quelques cas, est défectueuse & intraitable. Les conséquences du systême faux & préjudiciable dont je parle, justifie mes assertions. Tout le monde croit connoître si parfaitement le Cheval, & le moyen de le dresser, qu'à peine trouve-t-on un homme qui ne se flatte de réussir dans ces deux points; & tandis que des Maîtres qui sacrifient toutes les heures de leur vie pour s'instruire, se trouvent plongés dans les ténèbres & l'obscurité, les hommes les plus ignorans se flattent d'être arrivés au comble de la perfection, & négligent de s'instruire des premiers élémens de l'équitation.

Une préſomption aveugle & ſans bornes a toujours été la marque caractériſtique de l'ignorance. L'étude & l'application font découvrir à un homme intelligent une infinité de difficultés, qui, loin de l'effrayer, l'engagent à redoubler ſes efforts pour les ſurmonter.

CHAPITRE VII.

Méthode pour accoutumer les Chevaux à ne point s'effrayer du bruit de l'artillerie, des cris des Soldats, des combats ; pour les empêcher de ſe coucher dans l'eau ; de ne point craindre les bleſſures ; à franchir les terreins rudes & ſcabreux, les haies, les paliſſades, les foſſés, &c. ; à reſter en place ; à fuir ; à voir ſans émotion les Chevaux qui ont été tués ; à nâger, &c.

POUR accoutumer les Chevaux au feu, au ſon des tambours & à toutes les autres ſortes de bruits, vous devez en faire peu-à-peu dans l'écurie où ils mangent. Au-lieu d'en avoir peur, ils s'y plairont, & les regarderont comme un ſignal qu'on va leur donner à manger.

Quant à ceux qui craignent le feu, commencez par les tenir à quelque diſtance d'un brandon de paille allumée : careſſez-les, à meſure que leur peu diminue ; approchez-les peu-à-peu du brandon, en augmentant ſa groſſeur. Ils ſe familiariſeront enfin au point de s'en approcher. On doit obſerver la même méthode pour les habituer à ne point s'effrayer de l'éclat des armes, des drapeaux, des étendards, &c.

Quant aux Chevaux qui ont des penchans à se plonger dans l'eau, au cas qu'ils soient insensibles aux aides & aux éperons, ce qui est rare, cassez une bouteille d'eau au-dessus de leurs têtes, à l'instant qu'ils le font, de manière que l'eau coule dans leurs oreilles. Ils la craignent beaucoup; & cet expédient les corrigera immanquablement.

On doit accoutumer les Chevaux des troupes à ne point bouger, lorsqu'on tire sur eux, à s'arrêter, lorsque vous tirez, & à ne point bouger de place, que vous ne le vouliez. Cette leçon est excellente pour la troupe légère; & on ne doit point la négliger dans quelque corps de cavalerie que ce puisse être. En un mot, on doit accoutumer les Chevaux à rester tranquilles, & à laisser agir les Cavaliers avec la même liberté, que s'ils étoient à pied. Il ne faut que de la patience, de la douceur & de la modération pour en venir à bout. Un Cavalier qui tire, doit avoir l'attention de ne point trop se jetter sur l'avant-main, de peur de quitter la selle. Commencez par passager le Cheval; retenez-le ensuite, & empêchez-le de bouger pendant quelque tems, de manière qu'il ne remue pas sans votre ordre. Faites-le reculer; & s'il reste tranquille, lorsque vous le retenez, lâchez-lui les rênes, & caressez-le.

Pour accoutumer un Cheval au bruit des armes

à feu, commencez par mettre un pistolet, ou une carabine dans sa mangeoire. Habituez-le ensuite au bruit de la platine; & après que vous l'aurez monté, présentez-lui la pierre, tantôt d'un côté, & tantôt de l'autre. Lorsqu'il est habitué à la voir, mettez une petite charge dans la pièce, & augmentez-la peu-à-peu au point qu'il faut. S'il s'effraie, faites-le avancer & reculer quelques pas: arrêtez-le de nouveau, & carressez-le: prenez garde sur-tout de ne point le brûler en tirant. Il s'en souviendroit, & deviendroit peureux pendant quelque tems. Les Chevaux sont souvent effrayés de l'éclat & du cliquetis des armes, du mouvement que l'on fait en tirant l'épée; on doit les familiariser par l'habitude & la douceur.

Lorsqu'on marche sur un terrein difficile & scabreux, les Cavaliers doivent tenir leurs mains hautes, & leurs corps en arrière.

Il est expédient pour la cavalerie en général, mais sur-tout pour la cavalerie légère, que les Chevaux soient experts à franchir les fossés, les haies, les palissades, & non-seulement seuls, mais en escadrons & en lignes. Les sauts, de quelque espèce qu'ils soient, que l'on fait faire aux Chevaux au commencement, doivent être très-petits. On les augmentera peu-à-peu, à mesure que le Cheval fera des progrès. S'ils étoient d'abord trop grands, le Cheval ſe tromperoit, s'effraieroit, & contracteroit une manière de ſauter d'une manière confuſe & précipitée. Les Cavaliers doivent tenir leurs corps en arrière, lever un peu la main, pour aider le Cheval de l'avant-main, & ſe bien tenir en équilibre, ſans s'élever ſur la ſelle, & ſans remuer les mains. Le plus sûr moyen pour empêcher les élèves de vaciller en ſautant, de lever leurs bras & leurs coudes, ce qui eſt un mouvement peu ferme & déſagréable, eſt de leur faire tenir un fouet, ou une houſſine ſous chaque bras, avec ordre de ne point la laiſſer tomber. Le mieux eſt au commencement de lui faire franchir une barre couverte de fourrure (Pl. 15), laquelle lui piquant les jambes, lorſqu'il ne s'élève pas aſſez, l'empêche de contracter l'habitude dangereuſe de toucher ; ce qu'il feroit, s'il ſautoit ſur quelque choſe de doux & de flexible. Pluſieurs Chevaux auxquels on apprend à ſauter, ſont ſujets à s'avancer trop près, leurs pieds ſous la barre. Le moyen de les en empêcher, eſt de placer ſur la barre deux planches de la largeur des piliers entre leſquels elle eſt fixée. Ces planches doivent être bien jointes à l'extrémité qui eſt ſous la barre, & élevées d'environ deux pieds au-deſſus de terre (Planche 15), & déborder d'environ deux pieds à l'autre extrémité qui poſe deſſus.

Elles doivent être fortes, pour empêcher que le Cheval ne les rompe avec ses pieds. La barre doit avoir du jeu, afin qu'elle puisse rouler lorsqu'on la touche. Les fossés & les haies que l'on fait franchir à un Cheval, pour la première fois, doivent être d'une hauteur médiocre. Vous l'augmenterez dans la suite peu-à-peu. Accoutumez insensiblement votre Cheval à approcher de toutes les choses que vous voulez qu'il franchisse, à les regarder de sang-froid, & à les franchir, ni lentement, ni avec précipitation. Lorsqu'il sautera bien étant en place (Planches 11 & 15), accoutumez-le à franchir; faites-le sauter en marchant, & sans s'arrêter; & après qu'il sera familiarisé à ce manége, faites-le lui recommencer au petit trot, & ensuite au grand galop (Planches 12 & 14), &c. Il acquerra facilement toutes ces manières, si vous le traitez doucement, & ne le pressez pas trop.

Comme les Chevaux craignent naturellement la vue & l'odeur des Chevaux morts, & qu'il s'en trouve quantité dans le service, principalement à la fin de l'année, que les chemins sont mauvais, & que ces pauvres animaux sont obligés d'aller au fourrage dans des endroits éloignés du camp, il convient de les habituer à fouler aux pieds, & à franchir leurs cadavres. Comme ces objets les épouvantent beaucoup, on doit employer la douceur, pour les guérir de leur crainte.

On doit aussi accoutumer les Chevaux à nâger, parce que cela est souvent nécessaire pour le service. Lorsque les Cavaliers & les chevaux ne sont point habitués à le faire, ils sont souvent exposés à se noyer. Il suffit d'un petit dégré de force pour conduire un Cheval partout, mais sur-tout dans l'eau, où on leur permet de prendre toutes sortes d'attitudes. Lorsqu'on traverse de grandes rivières, la tête des Chevaux doit être opposée au courant, suivant la situation & le plus ou moins de hauteur de l'endroit où l'on veut aborder, & le dégré de la rapidité de l'eau. Lorsqu'on descend une rivière, plus le Cheval va droit, & mieux c'est. Le Cavalier doit toujours quitter ses étriers, de peur de s'embarrasser dedans. Comme un Cheval a de la peine à tourner dans l'eau, on doit le faire doucement & avec soin. Les Partisans, & ceux qui vont reconnoître un pays, doivent choisir des Chevaux qui ne hennissent point. Les Numides, qui vouloient surprendre leurs ennemis, préféroient les Jumens aux Chevaux, parce qu'elles hennissent moins souvent. On doit accoutumer ceux d'une armée à être obéissans à la voix, & à porter deux Cavaliers à-la-fois. Comme les rênes peuvent se couper dans une bataille, en traversant une rivière, dans les marches forcées, il est quelquefois nécessaire de prendre les Fantassins en croupe. Les anciens Lybiens conduisoient leurs Chevaux avec la voix; & les Africains modernes font la même chose aujourd'hui.

Les Officiers de Cavalerie trouveront peut-être mauvais que j'enseigne tous ces différens exercices à des Chevaux aussi pesans que les leurs; mais quoiqu'ils ne puissent les pratiquer avec autant d'activité & de vitesse, que la troupe légère, il convient cependant qu'ils le sçachent tous, vu que le moindre obstacle suffit pour empêcher un corps aussi utile & aussi puissant d'agir. J'ignore si les Anciens nous imitoient en cela, ou non. Mais je suis persuadé qu'ils entendoient beaucoup mieux la cavalerie. La méthode que donne Xénophon pour dresser les Chevaux de bataille, est extrêmement sensée. Après sa mort, on oublia le manége pendant plusieurs siècles, ou pour mieux dire, on le défigura; & c'est ce qu'on fait encore de nos jours.

CHAPITRE VIII.

Des Chevaux rétifs, qui se défendent, qui ruent, qui bronchent, & moyens pour les corriger de ces vices.

AVANT de faire mention des vices auxquels les Chevaux sont sujets, tels que sont ceux d'être rétifs, de se défendre, &c., il convient d'observer que la bonté, ou la méchanceté d'un Cheval, dépend du caractère de celui qui le dresse, sur-tout au commencement, de sorte qu'on ne peut être trop attentif & vigilant sur cet article.

Toutes les fois qu'un Cheval résiste, on doit, avant de le corriger, examiner avec soin si quelque chose le blesse ou le pique, s'il est naturellement foible; en un mot, si rien ne le gêne dans quelque endroit. Faute de cette précaution, il est souvent arrivé des malheurs irremédiables. On accuse souvent à tort le pauvre animal d'être rétif & vicieux. On le maltraite sans sujet; & à force de le désespérer, on le force à agir en conséquence, quelque bonne que soit son inclination. Souvenez-vous d'agir sur l'esprit de vos Chevaux par des mouvemens lents, pour leur donner le tems de réfléchir. On peut insensiblement lui faire exécuter ce qu'on veut avec plus de viteſſe & de facilité. Le Cheval en général eſt ſi bon, ſi docile, & ſi obéiſſant, qu'on peut en tirer tel parti qu'on veut, avec la douceur & le ſçavoir.

Un Cheval qui eſt tout-à-la-fois vicieux & foible, ſans qu'on ait eſpérance qu'il devienne plus fort, eſt un animal déplorable, & qui ne mérite pas d'être dreſſé. Ce cas eſt extrêmement rare; & peu s'en faut que je ne diſe qu'il n'eſt jamais arrivé qu'un Cheval fût naturellement vicieux. Lorſqu'on en trouve de tels, il eſt quelquefois néceſſaire de recourir au châtiment; mais il faut l'employer avec beaucoup de douceur & de jugement. La propriété des aides eſt de prévoir les fautes. Celle des châtimens, de les corriger.

Le châtiment, ſelon que vous en uſez, jette un Cheval dans une action plus ou moins violente, qu'il ne peut ſupporter lorſqu'il eſt foible. On doit conſidérer un Cheval fort & vicieux ſous un point de vue différent, parce qu'il eſt en état d'apprendre & de profiter de toutes les leçons qu'on lui donne. Il eſt à tous égards préférable au Cheval le plus doux qu'il y ait ſur la terre. Il ne faut que du ſçavoir & de la patience, pour corriger un Cheval vicieux. De quelque manière qu'il ſe défende, ramenez-le ſouvent avec douceur, mais en même tems avec fermeté, à la leçon pour laquelle il a le plus d'averſion. On rend peu-à-peu les Chevaux obéiſſans, par l'eſpoir des récompenſes, & la crainte des châtimens. Il eſt difficile de concilier ces deux motifs, & de preſcrire la manière dont on doit s'y prendre pour réuſſir. Cela exige beaucoup de jugement & de pratique, une bonne tête, un bon cœur. Un Écuyer modéré, doux & humain, en ſuppoſant toutes choſes égales d'ailleurs, réuſſira infiniment mieux qu'un autre. Si vous employez adroitement les motifs dont j'ai parlé ci-deſſus, vous rendrez peu-à-peu un Cheval doux & obéiſſant. La violence, le défaut de ſçavoir & de douceur, ne tendent qu'à le confirmer dans ſes vices. S'il eſt impatient & colérique, ne le frappez jamais, à moins qu'il ne refuſe abſolument d'avancer; ce que vous devez l'obliger de faire. En le corrigeant de la ſorte, vous l'empêcherez de reſiſter & de ſe défendre. Vous obſerverez que la réſiſtance que fait un Cheval, eſt quelquefois une marque de force & de vigueur, & provient de ſa vivacité, & quelquefois de ſon caractère vicieux & de ſa foibleſſe. La foibleſſe rend ſouvent les Chevaux vicieux, lorſqu'on exige d'eux des choſes qui exigent de la force. Il faut par conſéquent bien diſtinguer de laquelle de ces deux cauſes la défenſe provient, avant d'employer aucun

aucun remède, ou aucun châtiment. C'eſt quelquefois un mauvais ſigne, lorſque les Chevaux ne ſe défendent abſolument point. Cela provient de leur pareſſe, d'un défaut de vivacité & de ſenſibilité. Un homme qui eſt aſſez heureux pour trouver un Cheval, qui joint à la bonté, la vivacité, l'activité, la ſenſibilité & la force, ne ſauroit en faire trop de cas. C'eſt un animal rare & ineſtimable, qui, ſi on le traite comme il faut, fera volontairement tout ce qu'on exigera de lui. On ruine plus ſouvent les Chevaux pour avoir trop fait pour eux & pour les avoir mal dreſſés, que par aucune autre eſpèce de traitement.

Si après avoir bien aſſoupli un Cheval, il perſiſte à ſe défendre, les châtimens deviennent alors néceſſaires. Ils ne doivent point être fréquens, mais toujours fermes, & les moins violents qu'il eſt poſſible. Ils ſont toujours dangereux & nuiſibles, lorſqu'ils ſont fréquens & légers, & encore plus lorſqu'ils ſont trop violens. Lorſqu'un Cavalier ſe querelle avec ſon Cheval, il eſt toujours la dupe de ſa paſſion, & il paie toujours les frais. Toutes les fois que vous voyez un homme battre ſon Cheval, ſoyez aſſuré que l'homme a tort, & que le Cheval a raiſon.

Il eſt généralement impoſſible d'être circonſpect dans toutes les leçons, dans les aides, les châtimens & les careſſes : car, comme le fameux de Newcaſtle l'obſerve fort bien, ſi un homme étoit ſous la forme d'un cheval, il ne ſçauroit imaginer plus de ruſes, pour s'oppoſer à ce qu'on exige de lui. Quelques-uns ſont plus ſpirituels & plus ruſés que les autres. Pluſieurs empiètent tous les jours peu-à-peu ſur leurs Cavaliers. En un mot, leurs diſpoſitions & leurs capacités ne ſont pas les mêmes. C'eſt au Cavalier à découvrir leurs différentes qualités, & à leur faire ſentir qu'il les aime, & qu'il déſire qu'ils l'aiment à leur tour, mais qu'il ne les craint point, & qu'il prétend être le maître. Un homme humain & adroit peut apprendre tout ce qu'il veut à un Cheval, & beaucoup plus de tours d'adreſſe que n'en font les chiens que l'on voit aux foires. Les Chevaux rétifs & vicieux ont coutume de ſe cabrer & de ruer. C'eſt leur défenſe la plus ordinaire. Lorſqu'ils le font dans le même endroit ou en reculant, le Cavalier doit le faire avancer avec l'aide des jambes, & quelquefois à coups d'éperons. S'ils le font en avançant, retenez-les, conduiſez-les doucement pendant quelque tems, les faiſant reculer de tems en tems. Les plus mauvaiſes qualités des Chevaux, ſont celles qui ſont occaſionnées par la rudeſſe & l'ignorance de ceux qui les montent.

Il n'y a point de vice plus dangereux dans un Cheval, sur-tout dans celui qui est foible, que celui de se dresser, de se lever tout droit sur les pieds de derrière. Pendant qu'il est dans cette position, le Cavalier doit lâcher la bride, & dans le tems qu'il retombe sur l'avant-main, le faire avancer avec l'aide des jambes. Lorsqu'il le fait avant ce tems-là, il court risque de lui donner plus de ressort, & de le faire tomber; il est rare, lorsque les Chevaux sont bien conduits, qu'ils persistent dans ce vice, parce qu'ils craignent en général cet accident. Si cette méthode ne réussit point, ce qui est extrêmement rare, il faut les faire ruer, en leur faisant donner des coups de fouet par un homme qui les suit; & si cela ne suffit pas, en les faisant piquer avec un aiguillon.

Les écarts proviennent souvent de quelque défaut dans la vue, & c'est ce que l'on doit examiner avec soin. Toutes les fois que votre Cheval s'écarte d'un objet qui lui fait peur, il faut le faire avancer peu-à-peu. Si vous le caressez à chaque pas qu'il fait, il avancera lui-même, & tous les objets lui deviendront familiers. Il n'y a que la douceur qui puisse le corriger de ce défaut. Si vous le frappez, la crainte du châtiment lui fait faire plus d'écarts, que celle de l'objet. Si vous lui laissez faire ce qu'il veut, vous augmentez son défaut, & le confirmez dans ſa crainte. Il arrive de-là qu'il prend une route oppoſée à celle qu'on veut, qu'il ſe rend maître du Cavalier, & s'expoſe à périr avec lui. J'ai ouï ſoutenir à tant de perſonnes; aux unes, que les coups ſont néceſſaires pour corriger un Cheval de ce vice; à d'autres, qu'on doit le laiſſer aller où il veut, que je ne puis m'empêcher de dire un mot ſur ce ſujet, quoiqu'il ſoit évident, pour convaincre ceux qui, comme le dit M. Bourgelat, *argumentent en faveur de ces ſyſtêmes déplorables.*

Lorſqu'on gronde, qu'on tourmente, & qu'on frappe un Cheval, non-ſeulement on corrompt ſon caractère & ſes allures, mais on l'accoutume encore à broncher, à tomber, à faire des écarts, à s'enfuir; en un mot, on le rend inconſtant & vicieux, &c.; au-lieu qu'avec la douceur, on vient à bout de le conduire par-tout où l'on veut, quelque mauvais que ſoit le chemin, ſans peine & ſans rien riſquer. Frappez un Cheval, parce qu'il a bronché, ou pour quelque autre faute qu'il a commiſe; il y retombera par crainte, ou par étourderie. Ces ſortes de fautes proviennent ſouvent de ſa foibleſſe. Dans ce cas, une bonne nourriture & un exercice modéré, lui rendront la ſanté & les forces, & le guériront de ces défauts. S'ils proviennent de négligence, ou de ſes mauvaiſes allûres, le Cavalier doit le rendre attentif, & rectifier tous ſes mouvemens. Tous les autres remèdes ſont inutiles ; mais celui que j'indique ne l'eſt pas, à moins que quelques défauts naturels, tel que le boîtement, & quelques maladies, n'en empêchent l'effet.

Pluſieurs Chevaux, ſur-tout ceux qui ſont vieux, n'aiment ſouvent pas à quitter leurs camarades : il faut, par conſéquent, les accoutumer de bonne heure à ſortir ſeuls de leurs rangs.

Lorſque vous trouvez des Chevaux qui s'éfraient à la vue des objets, il faut les faire précéder par un autre qui y eſt accoutumé, & les faire approcher peu-à-peu. Si le Cheval eſt mal dreſſé & têtu, il s'enfuira avec ſon Cavalier. Dans ce cas, il faut lui tenir la tête haute, tirer & lâcher les rênes du filet à droit & à gauche, de même que celles de la bride, mais non pas de la même manière que celles du filet. Il faut ſeulement les tirer & les lâcher à-propos. Jamais homme n'a arrêté, ni n'arrêtera jamais un Cheval qui s'enfuit à toute bride, quelque force & quelque violence qu'il emploie, quand même il lui oppoſeroit un corps peſant.

Si vous montez un Cheval qui tourne court tout-à-coup, par exemple, du côté droit, paſſagez les rênes ; prenez-en une d'une main, &

l'autre de l'autre : lâchez la droite, & tirez la gauche, en tournant & avançant votre main du côté gauche. Si le Cheval continue de résister, piquez-le de la jambe gauche, & *vice versâ*, jusqu'à ce qu'il tourne à gauche.

CHAPITRE IX.

Remarques & Avis sur la Ferrure, la Nourriture & le Pansement des Chevaux.

JE n'ai point dessein de parler ici de toutes les différentes espèces de ferrures. Mon traité deviendroit trop long, & excéderoit les bornes que je me suis prescrites. On doit varier les fers, selon la différence des pieds; mais comme malheureusement pour nous, les Maréchaux attachés à l'armée, faute d'éducation, d'attention & d'encouragement, ignorent leur profession, & ne cherchent point à l'apprendre, il convient de leur prescrire des règles simples, générales & invariables, & de les leur faire observer strictement. Je ne désespère cependant point de trouver dans la suite quelques Maréchaux intelligens & bien instruits: mais il faut les former; & après qu'ils le seront, on fera bien d'en augmenter le nombre dans les Régimens. Il seroit à-propos, jusqu'à ce que cette réformation soit faite, qu'on n'en eût point du tout. Un Maréchal ne peut ferrer que quarante Chevaux, & aujourd'hui en tems de guerre, chaque Compagnie n'en a qu'un qui en ferre cinquante, indépendamment de ceux qui appartiennent aux

Officiers, aux Vivandiers, aux Domeſtiques, aux Fourgons, &c. Il devroit y avoir une forge portative pour chaque eſcadron, & un charriot pour les uſages dont je viens de parler. Ils ne doivent point reſſembler à ceux dont nous nous ſervons actuellement. Ils ſont ſi peſans, & leurs roues ſi baſſes, qu'ils emploient quantité de Chevaux, en ruinent pluſieurs, & arrivent rarement à tems à leurs régimens reſpectifs, quelque bons que ſoient les chemins. Je puis dire que c'eſt un bonheur qu'ils n'arrivent point: car j'ai obſervé qu'il y a moins de Chevaux eſtropiés, durant l'abſence des Maréchaux, que lorſqu'ils ſont préſens. Ces charriots ne doivent avoir que deux roues fort hautes. Ils doivent être couverts, & être paſſagés de façon qu'il y ait des places pour la forge, le ſoufflet, les outils & les charbons. Ces choſes doivent être placées de façon que l'on puiſſe les ſortir aiſément, lorſqu'on en a beſoin. Cette forge portative ne s'arrête jamais; & pour ſuivre les régimens dans toutes leurs marches, il faut prendre des Chevaux pour la conduire; & elle n'en ruine aucun. J'en ai une, dont le train a été fait à Hanovre, que deux Chevaux conduiſent aiſément. Ceux des régimens doivent être plus grands & plus forts, & ont beſoin de trois Chevaux. Je ſuis perſuadé qu'un Ouvrier

Anglois peut les rendre plus forts, plus légers & plus commodes ; quoique celui que j'ai soit très-bien construit, & réponde aux usages pour lesquels il est destiné.

La médecine & la ferrure sont très-utiles entre les mains de gens instruits ; mais nos Maréchaux sont si ignorans, qu'on doit les abandonner entièrement. Tout homme qui permet à son Maréchal, à son Palefrenier & à son Cocher de donner à son Cheval autre chose que de l'eau d'orge, un lavement, ou de lui faire une petite saignée, & qui s'en rapporte à ce qu'il lui dit au sujet du siége du boîtement, des maladies & de leur cure, est sûr d'être trompé, & de le perdre. On ne sçauroit croire jusqu'à quel point les Palefreniers poussent la fourberie, pour avoir un ascendant sur leurs maîtres, & exécuter leurs projets insensés. Je me borne à la ferrure. J'en ai connu, qui, pour établir leur systême extravagant & pernicieux, ont eu soin, lorsque leurs maîtres ne l'ont pas adopté, d'estropier des Chevaux, & d'imputer cet accident aux fers, après avoir employé toutes sortes de mensonges pour les décréditer. Comment pouvoir adopter la méthode de gens qui n'ont ni expérience, ni sens-commun? Si le sabot de votre Cheval est mauvais & cassant, ils vous conseillent d'employer des fers lourds & pesants ; & il est aisé de prévoir les conséquences de ce procédé. En effet, comment veut-on qu'un pied qui a de la peine à se soutenir, puisse porter un fer pesant & chargé d'une quantité de clous, dont les trous déchirent & affoiblissent les sabots ? Le Cheval a-t-il le pied coupé ou foulé; le Docteur Brous dit de lui envelopper le pied avec tout ce qui vous tombe sous la main. Il vaudroit beaucoup mieux laisser sa blessure découverte. Tous ces ignorans s'accordent unanimement à employer des fers pesans, mal faits & chargés de clous; ce qui ruine entièrement le pied du Cheval. Les crampons qu'ils y ajoûtent, ne servent qu'à détruire le boulet, & les fers qui ont la forme d'une coquille de noix, qu'à porter sur la bâse que la nature lui a donnée; ce qui l'oblige à broncher & à s'abbattre, use les clous, & ruine le sabot. Un pied auquel un fer mal-fait a fait perdre sa forme, ne la reprend presque jamais, parce que la corne étant naturellement flexible, se trouvant serrée comme dans un moule, retient celle qu'elle a prise. Lorsqu'un Cheval se trouve dans ce cas, la méthode la plus sûre est de le parrer jusqu'au vif, & de l'envoyer paître sans fer dans une prairie, jusqu'à ce que le pied soit guéri avant de le ferrer. Ils découvrent entièrement avec leur détestable boutoir le dedans du pied de l'animal; ce qui raccourcit les talons, parce que la partie extérieure du pied, qui est naturellement dure, porte sur l'endroit où elle trouve moins de résistance, à cause qu'on en a enlevé celle de dedans. Ils emploient ensuite de longs fers, qui empêchent le pied d'appuyer sur le talon; ce qu'on pourroit néanmoins faire, malgré leurs incisions, en ouvrant ce dernier comme il faut, & le pied en bon état. On ne doit jamais couper la fourchette; mais comme elle se déchire quelquefois, il faut la nettoyer de tems en tems, & enlever avec un couteau ce qui est déchiré. Il y a une espèce de pied qu'il faut beaucoup parer, sans toucher à la fourchette. C'est celui qui est fort haut. Il faut le parer à la hauteur convenable, parce que, si on ne le faisoit pas, la fourchette, quoiqu'entière, ne poseroit point à terre, ou blesseroit le gros tendon, & on rendroit le Cheval boîteux.

On doit proportionner la pesanteur des fers à la qualité & à la dureté du fer. Le bon fer n'est point sujet à plier; & dans ce cas, on ne sçauroit les faire trop légers. On doit cependant leur donner assez d'épaisseur pour qu'ils ne plient point, parce que, s'ils le faisoient, ils feroient sortir les clous, & ruineroient le sabot. La partie du fer la plus proche du talon, doit être plus étroite que l'autre, comme on le voit dans la planche, pour empêcher que les pierres n'entrent dedans, & ne s'y arrêtent; ce qui ne manqueroit pas d'arriver, parce que le fer, lorſqu'il déborde le pied, forme une cavité, dans laquelle les pierres s'engagent, compriment le pied, & rendent le Cheval boîteux. Les fers trop larges ne valent abſolument rien. Il ſuffit qu'ils couvrent la croûte extérieure du pied, pour empêcher qu'elle ne ſe caſſe. Les clous qu'on emploie pour ferrer un Cheval, vu la forme naturelle du pied, doivent être enfoncés de façon que leurs pointes biaiſent vers les bords extérieurs du pied. La moindre preſſion vers le bord intérieur du fer, ſur-tout lorſqu'il eſt large, ſuffit pour déranger les clous, & par conſéquent bleſſer le pied, quand même le fer ne plieroit point. Cette chûte des clous eſt le moindre inconvénient qui puiſſe arriver : car, ſi le fer plioit, il comprimeroit la partie intérieure du pied, & rendroit le Cheval boîteux; de même que ſi le fer n'étoit pas à ſa place, à cauſe du cure-pied dont on ſe ſert pour enlever les pierres, le gravier qui eſt entré dedans. La rainure que l'on pratique autour des fers, lorſque le métal n'eſt pas bon, eſt cauſe qu'ils cèdent dans cet endroit; mais lorſque le fer eſt de bonne qualité, elle ſert à garantir les têtes des clous. Les Maréchaux doivent toujours examiner le pied du Cheval avant de le ferrer, faire le fer, & le percer plus loin ou plus près du pied, suivant que sa forme l'exige. Les trous doivent toujours biaiser en-dehors. La meilleure manière de forger les fers, relativement aux clous, est de les percer à deux fois, avec deux différens instrumens. On commence par percer le fer assez avant, pour recevoir & couvrir la tête du clou que l'on enfonce. On en perce ensuite un plus petit au milieu du précédent, pour recevoir la pointe, & la laisser déborder. Ces clous, lorsqu'ils sont ainsi placés, ne s'usent point, & restent toujours dans leurs places, aussi parfaitement & même mieux que s'il y avoit une rainure, sur-tout si le métal n'est pas bon. Tous les fers doivent être un peu plus larges du côté des talons qu'ailleurs, à moins que le pied ne s'élargisse trop vers les talons; ce qui arrive rarement. On doit les faire autrement, lorsque le Cheval est sujet à se couper. La raison pour laquelle on doit les faire plus larges dans cet endroit qu'ailleurs, est qu'ils facilitent au pied le moyen de croître, de s'élargir, & d'empêcher que les talons ne soient pas trop petits. Souvenez-vous toujours que, quoique la muraille soit plus étroite du côté du talon, le fer doit avoir la même largeur en-dedans, sans quoi le pied du Cheval n'auroit pas un bon *appui;* le fer entreroit dans le pied, ce qui obligeroit de l'ôter souvent; ce qui est un grand inconvénient. La partie du fer sur laquelle le Cheval porte, doit être plate, de même que celle de dedans. On doit n'y laisser qu'autant d'espace qu'il faut pour introduire le curepied; ce que l'on doit faire toutes les fois qu'on ramène le Cheval dans l'écurie, & souvent dans les marches, & pour empêcher que le fer ne porte sur la sole. Lorsqu'il tombe de la neige, il faut nettoyer souvent les pieds du Cheval dans les marches. Lorsqu'on néglige de le faire, elle s'endurcit, elle fait glisser le Cheval à chaque instant, & le blesse autant qu'un gros caillou. Quatre clous de chaque côté suffisent pour contenir un fer en place; & il est inutile d'en employer davantage. On doit couper la pince du Cheval fort court, & presque quarrément, se contenter d'arrondir les angles, & ne mettre aucun clou dans cet endroit. Cette méthode empêche les Chevaux de broncher, sur-tout dans les descentes, procure de la nourriture aux talons, & les fortifie. C'est sur eux que le Cheval porte, & l'on doit forger le fer en conséquence. On empêche par-là que les talons ne deviennent trop petits, & il en résulte plusieurs autres bons effets. Plusieurs personnes mettent un clou dans la pince; mais cette méthode ne vaut rien. La place qu'on laisse pour y en mettre un, est cause que le pied est trop long; & qui plus est, cette partie du sabot est naturellement si fragile, que le clou ne tient point, déchire & endommage le sabot. Pour rendre ce que je viens de dire de la longueur des fers plus clair & plus intelligible, j'ai joint, N°. 1, la figure d'un pied coupé, de la longueur qu'il faut, & posé sur une surface plane; & N°. 2, la partie extérieure qui pose à terre. La plupart des Maréchaux font les fers plus épais du côté des talons, que de celui de la pince, sur-tout pour les Chevaux durs; mais il est aisé de voir qu'ils ont tort: car les fers posent plus sur la pince, que par-tout ailleurs, & doivent par conséquent être plus épais dans cet endroit. Quelques Maréchaux se servent d'enclumes concaves & de marteaux convexes, de sorte qu'ils ne sçauroient forger des fers plats. Pour vous en convaincre, posez-en un en tout sens, sur une surface plate, & vous verrez combien il est défectueux.

Les demi-fers, ou fers en croîssant de la Fosse, sont excellens pour les pieds dont la muraille est trop mince pour supporter des clous dans les parties de derrière, & dont les talons sont sujets à se retrécir. Il est fâcheux qu'il faille les renouveler souvent.

Dans les terreins humides, spongieux & mous, dans lesquels les pieds enfoncent, la pression sur les talons, est beaucoup plus grande que dans ceux qui sont durs; & cela doit être ainsi à tous égards.

On doit parer les pieds de derrière, de même que ceux de devant, & les ferrer de même, excepté dans les pays montagneux & gliſſans, où ils doivent être un peu recourbés. Ceux de devant ne doivent pas l'être. Cette courbure nuit aux jambes, ſur-tout aux boulets. Elle peut avoir ſon utilité dans les terreins gras, humides & gliſſans, dans leſquels les pieds enfoncent, mais légèrement; mais dans les terreins ſolides, les crampons de devant ſont dangereux & inutiles, parce qu'ils élèvent le tendon, & le fatiguent faute d'une bâſe: ils endommagent les nerfs, & cauſent des molettes, des boîtemens, des tumeurs dans les boulets, des foibleſſes, &c., autant que le fer en forme de coquille de noix, dont les Maréchaux & leurs Partiſans ignorans font un ſi grand cas. Lorſqu'on deſcend une montagne, à moins que le terrein ne ſoit le même que celui dont j'ai parlé ci-deſſus, les crampons de devant ne ſont propres qu'à faire tomber les Chevaux, parce que les jambes de devant manquent d'appui, pendant que celles de derrière agiſſent; ce qui eſt cauſe que le Cheval s'abbat, & tombe ſur ſon nez. Lorſque le terrein eſt plat, le pied du Cheval porte ſur la pince, & ne trouve point d'appui, ce qui le fait broncher. Il eſt faux qu'ils ſoient utiles pour gravir une montagne. En montant, la pince eſt la première partie

partie qui porte, soit que le Cheval tire ou porte, de manière qu'il a presque fait avant que les crampons touchent à terre. Les crampons à glace sont préférables aux autres, pour empêcher les Chevaux de glisser, & leur faire gravir les montagnes, parce que ceux de devant mordent avant que les talons touchent à terre. Ils doivent avoir environ trois lignes de plus que le fer, & avoir quatre faces terminées en pointe. Ils sont excellens pour empêcher les Chevaux de glisser, dans quelque terrein que ce soit, & pour lui conserver son appui. Ils doivent être d'un bon fer, autrement leurs pointes se cassent. Lors, au contraire, que le fer est de bonne qualité, & les clous bien faits, & qu'ils ont la grandeur & la figure dont je viens de parler, si l'on faisoit leurs têtes plus hautes, ils casseroient, & deviendroient inutiles. Lorsqu'on se sert des crampons de devant, dans les terreins dont je viens de parler, on doit les faire petits; les têtes des clous doivent être pointues comme celles des glaçons, mais moins hautes, afin que le pied & les tendons aient toujours leur appui. On peut aussi se servir de ces clous, sans crampons. En remettant un clou à la place de celui qui tombe, on tire du fer tout le parti qu'on veut, & il n'en résulte aucun mauvais effet. Je sçais que je combats contre un préjugé extrêmement fort, mais très-déraisonſonnable. Que l'on compare une méthode avec les autres ; qu'on en faſſe l'expérience, ſans l'abandonner légèrement, pour voir ſi un Cheval ainſi ferré peut gliſſer, ou non, dans le mauvais tems. Un Cheval peut quelquefois tomber dans certains tems & dans quelques terreins. Malheureuſement pour les Cavaliers, on n'a point encore trouvé de ferrure pour prévenir cet accident. J'ai éprouvé toutes les méthodes ; & celle que je viens d'indiquer, m'a paru la plus parfaite. Cette forme de fer & de clous, lorſqu'ils ſont bien faits, & attachés comme il faut, eſt le meilleur appui que je connoiſſe. Je n'exige pas au reſte qu'on ſe ſerve des clous à glace dans toutes ſortes de tems, vu qu'une grande partie de l'année l'état du terrein n'en exige aucun. On doit employer la même ferrure, tant pour les Chevaux de courſe, que pour ceux de charrette, en obſervant de varier l'épaiſſeur & la peſanteur des fers. Les fers d'un Cheval de courſe, doivent être plus légers que ceux d'un Cheval de ſelle ; ceux d'un Cheval de ſelle plus légers que ceux d'un Cheval de troupe, de carroſſe, de trait, & ceux de ces derniers, plus que ceux d'un Cheval de charrette, de fourgon & d'artillerie. Le fer d'un Cheval de ſelle doit peſer treize onces & demie ; celui d'un Cheval de trait & de carroſſe, une livre & trois onces : les clous du premier, une once chaque douzaine; ceux du dernier, une once & trois quarts. Le plus sûr & le plus facile est de se servir d'un fer dont les éponges soient étroites, d'une égale largeur par-tout, tant en-dedans qu'en-dehors, dont les trous pour les clous soient exactement dans le milieu. On peut le forger avec une barre de fer étroite. Il doit être étroit & sans beveau, parce qu'il blesseroit le dedans du pied. Il a cet avantage sur les autres, que les pierres ne peuvent point se loger dedans. Tous les fers qu'on forge aujourd'hui sont trop pesans. Lorsque le fer est bon, on n'a pas besoin de les faire si épais. Lorsqu'on a des fardeaux pesans à transporter, par exemple, un canon de gros calibre, dans des pays montagneux & glissans, & dans les mauvaises saisons, le limonier doit avoir, tant devant que derrière, trois crampons à chaque pied; un au milieu de la pince du fer. Ce crampon l'aidera, lorsqu'il gravit une montagne, à traîner plus aisément son fardeau. Ce que je dis ici n'a lieu que pour le limonier, dans certains pays, dans certains tems, lorsque le terrein cède; car dans ces cas, la hauteur qu'on donne au fer n'est sujette à aucun inconvénient. On devroit sévèrement punir les Maréchaux qui ferrent les Chevaux avec des fers rouges. Cette paresse impardonnable est cause que les fers dessèchent les ſabots, & les détruiſent entièrement. Il eſt arrivé que la ſole a été ſi fort échauffée, qu'un Cheval eſt devenu boîteux, & que quelques-uns en ſont morts. On doit toujours forger les fers & les ajuſter avant de les percer. Les meilleurs que l'on forge en Angleterre ſont ceux de Newmarket. Je ne prétends point qu'ils ſoient parfaits; mais ils ſont meilleurs que les autres. Ils ne ſont pas aſſez forts pour l'uſage ordinaire; mais ils le ſont aſſez pour courir ſur le gazon.

Il eſt quelquefois aiſé de guérir les coupures des Chevaux; mais on ne doit pas croire qu'on peut le faire toujours. Cet accident leur arrive neuf fois ſur dix, de ce qu'ils tournent leurs pieds en-dehors. Les Poulains paiſſent ordinairement un pied en-dehors, qui porte ſur la face de dedans, ce qui fait qu'elle s'écorche. Il arrive de-là que la pince s'allonge, & que le Poulain devient caigneux depuis le fanton en bas. Les coupures proviennent en général de ce que le dedans eſt plus bas que le dehors: c'eſt pourquoi il faut parer ce dernier continuellement. Au cas que le pied ne permette pas de le faire, il faut faire le fer plus épais en-dedans qu'en-dehors, depuis le talon juſqu'à la pince; & à chaque fois qu'on le ferre, pouſſer un peu le fer en-dedans, & raper la muraille du ſabot, juſqu'à ce que le pied ſoit bien redreſſé. Les fers barrés, quelque justes qu'ils soient, ne sont bons que pour couvrir la partie du pied qui est endommagée, au cas qu'on le fasse travailler, jusqu'à ce qu'il soit guéri.

Il est étonnant qu'il y ait tant de ferrures absurdes & ridicules, puisqu'il est évident que la moindre portion de sens-commun, & un moment de réflexion sur la structure du pied d'un Cheval suffisent pour en indiquer une sûre. Les fréquens changemens de fers sont nuisibles & déchirent le pied; mais ils sont nécessaires. C'est un inconvénient auquel les demi-fers sont sujèts, quoiqu'ils soient excellens à tout autre égard. La raison en est que l'extrémité du fer étant fort courte, entre dans le pied, & oblige le Cheval à marcher. Les Cavaliers devroient toujours porter deux fers de rechange, en-haut & à côté de chaque fourreau de pistolet, avec quelques clous. Les uns devroient porter un marteau, d'autres une paire de tricoises, d'autres un boutoir, & sçavoir ferrer un Cheval. Ces choses ne pèsent pas beaucoup, & feroient d'une grande utilité, sur-tout pour les troupes légères, & les détachemens, qui n'ont point de Maréchaux.

Si la coutume qu'on a de remplir les pieds des Chevaux avec du fumier, est très-mauvaise, à cause de sa qualité corrosive, un mélange de terre glaise & de sain-doux, vaut infiniment mieux. Le meilleur onguent pour le sabot, est celui qui est fait avec une once d'huile de pied de bœuf, une livre de thérébentine, & dix onces de cire. La méthode de bourrer & de graisser, quoique bonne pour quelques pieds, n'est pas telle pour tous, sur-tout pour ceux dont les murailles & les soles sont spongieuses. On doit toujours les tenir bien secs. Ceux qui sont forts, veulent être souvent graissés, humectés & bouchés. Il faut tenir la couronne grasse, autrement ils tombent à cause de sa pression, les talons se retrécissent. Lorsque les Chevaux sont échauffés, on doit leur laver les pieds avec de l'eau tiède. S'ils ont les talons ouverts, on les bassinera avec du lait & du miel, & un peu de brandevin, que l'on fera un peu chauffer. M. Clarke, dans son excellent Traité de la Ferrure & des Pieds, prétend que l'huile, les graisses & les onguents conviennent à peu de Chevaux; que ces substances interceptent la transpiration, & que l'eau, l'humidité & la fraîcheur valent infiniment mieux. L'expérience que j'ai faite, depuis que j'ai lu son livre, m'a convaincu qu'il avoit raison. Le bénéfice qu'éprouvent les pieds & les sabots des Chevaux qui paissent dans les prairies, de la rosée, de la pluie, & de l'humidité du terrein, en est une preuve. D'un autre côté, on a observé que les Chevaux qu'on tient à Newmarket, &

que l'on exerce sur un gazon sec, qu'on abreuve dans des auges, & qui ne trouvent point d'eau pour se baigner, ont les pieds & les sabots sujets à plusieurs maladies, quoiqu'on ait soin de les graisser.

Les méthodes qu'on observe dans le traitement des Chevaux, sont différentes, & en général, aussi peu raisonnables que celles qui concernent la ferrure; mais il suffira d'un peu de réflexion pour remédier dans les cas ordinaires à ce qu'elles ont de défectueux. L'un dorlote ses Chevaux & les nourrit bien, dans la vue de les rendre plus forts, & les purge ensuite sans règle & sans mesure, pour prévenir la trop grande replétion. Un autre ne laisse point entrer d'air dans son écurie, d'où il s'ensuit qu'ils s'enrhument lorsqu'ils sortent, & tombent malades, s'ils y restent, à cause du mauvais air qu'ils respirent. Un troisième, qui n'est pas plus sage que les premiers, laisse son écurie ouverte, & expose ses Chevaux au vent & au tems, sans s'embarrasser s'il est chaud ou froid, & souvent lorsqu'il vente, & qu'ils suent à grosses gouttes. Toutes ces différentes pratiques contribuent à la destruction des Chevaux. On peut en dire autant des différentes manières dont on les couvre. La raison s'oppose à tous ces systêmes insensés, & nous dicte la nourriture qui leur convient, qu'il faut laiſſer circuler l'air, les exercer ſouvent & modérément, & les couvrir lorſque le tems & l'occaſion l'exigent. Ce ſont-là les moyens pour entretenir les Chevaux en bonne ſanté.

Lorſqu'ils ſont fatigués, qu'ils boîtent, & qu'ils ſont malades, il faut les faire coucher ſur leur litière. Cela les excite à piſſer, &c. Cela ne vaut rien dans d'autres tems. La chaleur de la litière leur attendrit les pieds, leur fait enfler les jambes, & les rend délicats. Pour diſſiper l'enflure des jambes, il ſuffit ſouvent d'enlever la litière, que des Palefreniers & des Maréchaux ignorans laiſſent dans les écuries, & de n'y laiſſer que la paille. On leur épargneroit par-là les ſaignées & les médecines. J'ai ſouvent obſervé que leurs jambes s'enfloient & ſe déſenfloient, ſelon qu'on enlevoit, ou laiſſoit la litière, les humeurs montant & deſcendant comme le mercure d'un baromètre.

Rien n'eſt plus important que de tenir les Chevaux proprement, de les nourrir & de les exercer régulièrement. Tout homme qui monte à Cheval pour ſon plaiſir, & qui veut que ſon Cheval le porte, au-lieu de le porter, ne doit jamais ſouffrir que le Palefrenier le monte avec des étriers, qu'il ſe ſerve de la bride, & qu'il pèſe entièrement ſur la bouche, au riſque de gâter ce qu'il a de meilleur, de plus sûr & de plus agréable. Ses allures ne sçauroient être parfaites ni agréables, s'il n'a la bouche faite, & le corps assoupli, au point d'être en équilibre dans les mains du Cavalier. Un Cheval doit porter la tête haute ; lorsqu'elle est basse, l'animal ne peut être en équilibre, parce que pesant sur l'avant-main, les parties de derrière se trouvent nécessairement plus hautes. Les jambes de devant sont toujours plus chargées que celles de derrière, quoiqu'elles soient moins fortes. Un Cavalier doit avoir pour le moins autant de connoissance que son Cheval, sans quoi il est impossible de conserver cette *union* & cet *ensemble*, si je puis user de cette expression, qui sont également agréables & nécessaires. Un homme monté sur un Cheval qui n'est point dressé, ou qui l'est mal, n'a pas meilleure grâce que s'il étoit monté sur le timon d'un carrosse.

La trop grande quantité de foin, sur-tout lorsqu'il est tiré d'une prairie ou d'un terrein bas & humide, ne vaut rien pour les Chevaux, & les rend poussifs. Il n'est bon que pour ceux des charrettes & des troupes (il en reste peu, grâces à Dieu), qui ne servent qu'à rouler lentement leurs corps, avec un gros caisson rempli de bierre sur leur dos. Ceux qui portent le bagage des Soldats, sont les animaux les plus stupides & les plus paresseux que je connoisse, & ils ne deviennent tels que par la mal-adreſſe de ceux qui les montent. Les troupes deſtinées pour le ſervice, & dont on ſe promet de l'utilité, doivent être plus actives. Le ſervice qu'on en attend exige qu'elles le ſoient plus ou moins, ſuivant les différens uſages auxquels elles ſont deſtinées.

Toutes les différentes ſortes de fourrages ſont bonnes pour les troupes, lorſqu'on peut ſe les procurer; mais outre qu'il faut l'attendre longtems, on le prodigue ſouvent mal-à-propos, ſans compter que les Commiſſaires en fourniſſent rarement la quantité qu'il faut, & n'ont aucun égard à ſa qualité, quoiqu'ils ſoient bien payés pour le faire.

Nous donnons dans nos écuries trop de foin à nos Chevaux, & trop peu de froment. Il ſeroit à-propos qu'il y eût dans chaque régiment une eſpèce de moulin, non point pour le moudre, mais ſeulement pour l'écrâſer. Tout le froment ainſi préparé ſe convertit en nourriture. On n'en trouve pas un grain dans le fumier, & trois pieds valent infiniment plus que quatre. La paille de froment hachée, & mêlée avec un peu de foin, eſt une excellente nourriture. Mettez ſur un quart de pinte de froment, la même quantité de paille hachée, & de tems en tems, ſi le Cheval eſt maigre, & non autrement, la moitié d'une de foin, & mêlez-les bien enſemble. Comme la paille hachée est ordinairement sèche, il faut l'arroser avec un peu d'eau. On trouvera peut-être cette proportion de paille hachée un peu trop grande; mais elle n'est pas telle, vu sa légèreté. Elle oblige les Chevaux à mâcher ce qu'ils mangent, & elle a plusieurs autres utilités. On doit proportionner la quantité de nourriture que l'on donne aux Chevaux, à leur grosseur, au travail qu'ils font, à leur structure, à leur appétit, &c. Il convient néanmoins dans chaque Régiment d'établir quelque règle générale là-dessus. Quatre de ces pieds dont j'ai parlé ci-dessus, avec dix ou douze livres de foin par jour, suffisent pour la plupart des Chevaux dans presque toutes les occasions, excepté lorsqu'ils sont au piquet dans l'arrière-saison & dans les mauvais tems. Il faut alors les nourrir comme on peut. Lorsqu'on ne leur donne point de froment, ils mangent près de quarante livres de foin par jour, y compris ce qu'on en perd; ce qui est inévitable, lorsque le terrein est mauvais, & qu'il fait du vent. Lorsque la paille est hachée, il n'en faut que vingt-huit à trente livres pour chaque Cheval, sur-tout si l'on se sert du hachoir, comme on doit toujours le faire. Lorsque le fourrage est rare, il faut la couper d'avance, & en donner aux Chevaux toutes les deux heures, dans un sac ou dans un morceau de canevas, pour que le vent ne l'emporte point.

On doit toujours se servir du hachoir en tems de paix, & lorsque les troupes sont en garnison. La consommation est beaucoup moindre dans ce dernier cas, & n'est pas même nécessaire, lorsque les troupes ne servent point. Le ratelier dont on se sert dans les écuries, quoiqu'il soit plus grand que dans quelques corps, ne l'exige point. Une chose importante & à laquelle on ne fait point d'attention, est de nourrir les Chevaux proportionnellement à leur travail, & de ne jamais passer un jour sans les exercer. Lorsqu'ils travaillent beaucoup, il faut augmenter la nourriture qu'on leur donne, & la diminuer, lorsqu'ils travaillent moins. Ce que je dis ici, regarde particulièrement le foin. Il faut les lâcher de tems en tems, & les faire promener tous les jours, sur-tout après qu'ils ont beaucoup fatigué. En agissant de la sorte, on épargnera les remèdes: ils n'auront point les jambes enflées, & on les garantira de plusieurs maladies.

Je ne puis prononcer le mot de piquet, sans dire un mot de la pernicieuse coutume que nous avons de couper la queue à nos Chevaux; coutume dont les inconvéniens sont évidens dans plusieurs circonstances, mais principalement à l'égard de ceux de l'armée, lorsqu'ils sont au piquet en été, dans des endroits où il y a beaucoup de mouches. J'ai souvent vu nos Chevaux, avec leur manger devant, trépigner, ſuer, ruer, ſe bleſſer les uns les autres, & dévorés par les mouches, faute de queues pour les chaſſer : auſſi dépériſſoient-ils à vue d'œil ; tandis que ceux des régimens étrangers qui en avoient une, les chaſſoient avec leurs queues, demeuroient tranquilles, mangeoient paiſiblement, & ſe portoient bien. On a ordonné depuis quelque tems à notre cavalerie de n'employer que des Chevaux à longues queues ; & il y a lieu d'eſpérer que la Nation ſuivra cet exemple, quoiqu'il ſoit difficile d'abandonner les anciennes coutumes, quelque mauvaiſes qu'elles ſoient, lorſqu'elles ſont une fois enracinées. Celle de couper la queue, les oreilles & les autres extrémités, eſt fort ancienne en Angleterre, car l'an 743, le Pape Grégoire II, dans une lettre qu'il écrivit à Saint-Auguſtin, ordonna à ce dernier de faire un canon dans une aſſemblée eccléſiaſtique qu'on tint à Yorck, pour abolir, entr'autres cruelles coutumes, celle dont je parle ici. Il eſt aiſé, lorſque les troupes ſont en marche, de lier la queue aux Chevaux, & ils n'en ont que meilleure grâce. Une queue à l'Angloiſe, lorſqu'on la laiſſe un peu croître, ſuffit pour garantir un Cheval des mouches. Tous les grains en général ſont une nourriture peſante ; ils engraiſſent le corps ; mais cette graiſſe eſt mal-ſaine. Le ſon n'eſt pas une nourriture solide, & on ne doit en donner aux Chevaux que pour les rafraîchir & les purger, lorsqu'ils en ont besoin

Toutes les fois qu'on met du foin dans le ratelier d'un Cheval, il faut en ôter la poussière, & ne pas lui en donner une trop grande quantité. Il a cela de commun avec l'eau, qui n'est utile que lorsqu'on en donne une petite quantité à-la-fois. Lorsqu'on lui donne trop de foin, le Cheval maigrit, & en laisse une partie, parce qu'il en est dégoûté. Il faut lui en donner suffisamment, une partie le matin avant de l'abreuver, & l'autre le soir, après qu'il a fini son travail. On ne doit mettre le soir dans son ratelier que de la paille de froment bien nette. C'est la seule nourriture dont il doit user pendant la nuit. Lorsqu'on lui laisse du foin, il reste sur jambes presque toute la nuit; il ne se couche que pendant un peu de tems, & ne dort presque pas. Il convient aussi de lui donner un peu de paille pendant le jour.

Avant & après que les Chevaux ont travaillé, il faut les attacher, la croupe tournée du côté de la mangeoire, pendant environ une heure. Les Palefreniers ont coutume de les faire galopper après qu'ils ont bu, pour échauffer, disent-ils, l'eau qu'ils ont dans le ventre; mais cette coutume, quoique commune, ne leur est pas moins préjudiciable. Il faut se contenter de les faire promener à petits pas. En un mot, un Cheval, soit qu'il soit trop maigre, ou trop gras, est également inutile. C'est un mauvais symptôme, lorsqu'un Cheval a le poil rude. Ce n'est point en le couvrant & le tenant chaudement qu'on peut l'adoucir, mais en le pansant comme il faut. Rien ne contribue plus à la santé d'un Cheval, que de l'étriller souvent. La paresse est la seule raison pour laquelle les Palefreniers couvrent leurs Chevaux & les tiennent chaudement. Ils se piquent en agissant de la sorte, de penser plus sensément que leurs camarades, quoique ceux-ci, quoique très-ignorans, fassent la même chose qu'eux. Un Cheval, quoiqu'entièrement ruiné par la chaleur, peut avoir le poil très-beau.

Il est du devoir des Officiers de parcourir souvent & exactement les lignes du camp, & de visiter les écuries, tant celles des quartiers, que les siennes, pour s'informer de la manière dont on traite les Chevaux. On ne doit point permettre de faire le poil aux Chevaux avec des ciseaux, mais seulement d'arracher ceux qui sont rudes. On ne doit point couper celui qui est dans les oreilles, mais les tenir toujours propres. La nature, plus sage que nous, a placé des poils dans cet organe, pour des raisons qu'il est aiſé de ſentir. Lorſqu'on les coupe, la pouſſière & les inſectes y entrent aiſément, incommodent les Chevaux, & leur cauſent ſouvent des douleurs violentes. Comme il arrive fréquemment que les Chevaux ſe cachent, & qu'il peut en réſulter de grands inconvéniens, j'ai donné (Planche 17) le deſſein du meilleur licou que je connoiſſe pour prévenir cet accident.

Ce licou n'a point de ſous-gorge, ou pour mieux dire, il en a deux qui ſont fixes à l'endroit marqué N°. 1. Elles ſe croîſent au point 2, & viennent s'attacher au point 3. La muſelière eſt auſſi couſue au point 3. Le point 2 où ces bandes ſe rencontrent, eſt un bouton plat, que l'on place après avoir mis le licou, directement au-deſſous des ganaches. Les chaînes, les cordes, ou les courroies, N°. 4, avec leſquelles on attache le Cheval dans l'écurie, ſont auſſi fixes à l'endroit marqué 3, N°. 5. Une ſimple corde ou courroie, pourvu qu'elle tienne, vaut autant que deux.

Comme les Chevaux ſont généralement plus ſouples du côté gauche que du droit, ce qui vient de ce que dans leur plus grande jeuneſſe on les exerce plus de ce côté-là que de l'autre; il faut non-ſeulement les conduire de la main gauche, pour qu'ils aillent mieux à droite qu'à gauche. On doit par conſéquent faire les colliers, les caveçons, les

les sangles, les brides, les bridons, les cordes, avec lesquelles on les attache aux piliers, &c., de manière qu'on puisse les boucler & les déboucler du côté droit. Les Chevaux se pendent souvent à leurs licols, & se blessent dangereusement. Le meilleur remède pour cet accident, est de bassiner la plaie avec de l'eau tiède & un peu d'eau-de-vie, & d'oindre de tems en tems la partie malade avec un peu d'onguent verd ; par exemple, celui de mauve, &c., cuit jusqu'à une certaine consistance, avec un peu d'huile d'olive.

Lorsque les Chevaux sont malades, qu'il leur vient des boutons sur le corps, que leurs jambes s'enflent, & qu'on n'a pas le tems, ou qu'on peut se dispenser de leur donner des remèdes, un cautère, & deux onces de la poudre suivante, donnée pendant vingt ou trente jours, avec du bled un peu humecté, suffisent pour les guérir.

Prenez une livre de foye d'antimoine crud, demi-livre de soufre, & un quarteron de nitre, & mêlez le tout ensemble. Si le Cheval tousse, donnez-lui la en forme de pillules, en la mêlant avec de la fleur de farine, de la thériaque, ou telle autre chose semblable.

Une maladie dont les Cavaliers se plaignent communément, est la pousse, laquelle est principalement occasionnée par la trop grande quantité de foin qu'on leur donne, & souvent de ce qu'on les fait trop galopper, après qu'ils ont bu & repu dans une prairie. On n'a trouvé jusqu'ici aucun spécifique pour la pousse; mais le meilleur palliatif que je connoisse est l'eau de chaux, qui produit son effet, lorsqu'on en use longtems, & plus sûrement qu'aucun autre remède. J'attribue cette vertu, non-seulement aux effets de la chaux, mais encore à la petite quantité que les Chevaux en boivent, car il y en a peu qui en boivent beaucoup, & plusieurs qui aiment mieux passer plusieurs jours sans boire, que d'en goûter. On ne doit donner d'autre nourriture au Cheval, que de la paille hachée. On peut aussi user de cette eau, lorsqu'on lui donne un breuvage, & dans toute autre occasion.

Prenez deux livres de chaux vive, sur laquelle vous verserez douze galons d'eau. Laissez-la infuser une nuit, & remuez-la longtems, versant peu-à-peu l'eau dessus, jusqu'à ce que l'ébullition cesse. Laissez-la ensuite reposer, pour vous en servir le lendemain. Lorsqu'on est à portée d'une fontaine chalybée, son eau est préférable à l'eau commune. Ce remède n'a rien de dangereux, & n'empêche point le Cheval d'agir.

Lorsqu'on soupçonne un Cheval d'être poussif, il faut aussi-tôt lui donner de l'eau de chaux, mais jamais plus de cinq pintes par jour. Aucun Cheval ne doit boire le double de cette quantité; & encore ne doit-ce être qu'à deux ou trois différentes reprises. Trois chopines de lait au sortir de la vache, bues soir & matin, empêchent souvent les Chevaux d'être poussifs & de touffer pendant quelque tems, lors même qu'on les travaille un peu fortement: mais comme l'effet du lait est passager, & de courte durée, on doit regarder ce moyen comme une charlatanerie, plutôt que comme un remède. Les Maréchaux mettent les Chevaux poussifs au vert, ce qui paroît d'abord leur faire du bien; mais ils ne sont pas plutôt rentrés dans l'écurie & remis, & ils n'ont pas plutôt repris leur nourriture ordinaire, que la maladie augmente, & devient incurable.

Les vers sont une maladie si commune & si incommode, que je ne puis me dispenser d'en dire un mot. Les maladies des Chevaux sont si souvent occasionnées par les vers, qu'on ne peut y faire trop d'attention. Laissez le Cheval à jeun, & donnez-lui trois ou quatre heures après, une pinte de saumure de bœuf tous les matins, durant trois ou quatre jours consécutifs. La saumure suffit souvent pour le guérir, lorsqu'on lui donne un purgatif le lendemain du jour qu'il l'a bue; mais il faut le purger la veille. La cure sera plus complette, ſi un jour avant de le purger, & le lendemain de celui qu'il a bu la ſaumure, on lui donne une once & demie, ou deux onces d'æthiops minéral, en forme de bol. Vous trouverez les vers vivans dans ſa fiente.

Le rhume de cerveau, accompagné de la toux & d'autres ſymptômes connus ſous le nom de *Diſſemper*, eſt une maladie ſi fréquente, & les Maréchaux la traitent ſi mal, que je ne puis me diſpenſer d'en dire un mot. Que les lavemens ſoient fréquens; percez un ou deux cautères, que vous laiſſerez ouverts pendant quelque tems; & ſi la maladie eſt violente, & accompagnée de la fièvre, donnez-lui la poudre fébrifuge du Docteur James, durant trois nuits conſécutives; la première, trois paquets; la ſeconde, deux, & la troiſième, un. Ne le ſaignez pas d'abord. Cela fait, donnez-lui pendant quatre jours conſécutifs, deux onces de nitre, & enſuite une once & demie de manne pendant quelque tems. Entourez d'abord le cou d'un cataplaſme bien chaud, fait avec de la mie de pain, du lait & du lard. S'il ſe fait quelque tumeur, & qu'elle ne perce pas d'elle-même, ouvrez-la avec une lancette, & nettoyez-la bien. Quand le rhume aura ceſſé, exercez le Cheval modérément; & ſi la toux continue, ſaignez-le peu à-la-fois, mais ſouvent, jusqu'à ce qu'elle ait ceſſé. Tenez-le chaudement, mais laissez-lui respirer la fraîcheur de l'air. Ne le travaillez point, que le rhume n'ait cessé. Ne lui donnez d'autre remède qu'une once & demie de nitre, pendant trois semaines au moins, & deux ou trois fois chaque semaine, aussi long-tems que vous le jugerez nécessaire, une tisanne faite avec la racine de réglisse, de pepins de raisin pilés, & de figues sèches, de chaque deux onces, & d'une once de capillaire. Faites bouillir le tout ensemble dans une pinte d'eau, jusqu'à ce qu'il soit réduit à une chopine. Ajoutez-y du syrop de menthe, de l'huile de lin, tirés à froid, de chaque deux onces, & une de nitre. On ne doit donner cette boisson, qu'après que le rhume aura cessé. Lorsque la maladie est légère, on peut se passer de la poudre de James. Si ses testicules s'enflent, recourez aux remèdes rafraîchissans, tels que le lait chaud coupé, la guimauve, &c.; mais sur toutes choses, n'oubliez point les suspensoirs. Lavez-lui souvent le nez & les narines avec de l'eau chaude: ne lui donnez autre chose que des breuvages, & continuez le cataplasme, jusqu'à ce que le rhume ait cessé pendant deux ou trois jours. Vous pouvez alors lui découvrir peu-à-peu la gorge.

Comme l'enflure des jambes est une maladie très-commune parmi les Chevaux qu'on emploie dans les troupes, je vais donner une recette pour la guérir.

Prenez deux onces & deux drachmes de ſalpêtre, la même quantité de thérébentine de Veniſe, une once & quatre drachmes de fleur de ſoufre, & ſix drachmes de diapente : mêlez le tout avec une quantité ſuffiſante de régliſſe en poudre : faites-en des bols que vous donnerez à votre Cheval le matin à jeun. On ne doit lui donner à manger que deux heures, ni à boire que cinq ou ſix heures après; mais l'eau doit être tiède. Il faut le tenir chaudement, & l'exercer modérément le lendemain. On peut réitérer cette doſe deux fois & plus, ſi le cas le requiert, en laiſſant trois jours d'intervalle entre chaque doſe.

Voici un moyen sûr pour diſſiper la graiſſe des jambes.

Remèdes internes.

Prenez une once & demie de réſine en poudre, ſix drachmes de ſel de tartre & de ſel de prunelle, & autant d'eſprit de thérébentine qu'il en faut, pour en former un bol. La doſe eſt de trois onces pour un gros Cheval. Il faut employer ce remède ſi-tôt qu'il eſt composé, autrement le ſel de tartre s'évapore. Ce remède opère pendant deux jours comme diurétique ; & pendant ce tems-là, il faut nourrir le Cheval avec du son échauffé, lui faire boire beaucoup d'eau chaude, & l'exercer modérément.

On lui donnera le troisième & le quatrième matin le bol suivant.

Prenez du Sénegré, de l'anis, de l'enula campana, de la réglisse & du diapente en poudre, de chaque parties égales : ajoutez ensuite à une livre de cette poudre deux onces de baume de soufre fait avec l'anis, & autant de miel qu'il en faut pour lui donner de la consistance.

Ce bol doit être de la grosseur d'un œuf de poule. Il est diurétique. On doit le lui donner le matin ; le soir rien. Les deux matins suivans, le bol cordial, & ainsi de suite, jusqu'à ce qu'il ait pris trois fois le bol diurétique. On continuera de lui donner tous les jours le bol cordial, jusqu'à ce qu'il soit parfaitement guéri.

Remèdes externes.

Lorsque les parties sont enflées, on appliquera dessus un cataplasme de farine de riz & de lait cuit jusqu'à consistance, & on le renouvellera tous les jours. Après que l'enflure sera dissipée, on appliquera le suivant.

Prenez deux livres & demie de miel, deux livres d'huile de baleine, & la même quantité d'alun en poudre; faites bouillir le tout, jusqu'à ce qu'il ait acquis une consistance convenable. Étendez quelque peu de cette composition sur un morceau de vieux linge, & renouvellez une fois dans l'espace de quarante-huit heures. On ne doit point laisser sortir le Cheval. Ce remède dessèche les ulcères; & s'il reste quelque croûte, on appliquera dessus le topique suivant.

Prenez une partie de joubarbe, & deux de crême bien épaisse: battez-les ensemble pour en composer un onguent, avec lequel vous oindrez tous les jours la partie affectée.

L'eau de résine est encore excellente pour l'enflure des jambes. Le remède suivant est aussi très-bon pour dissiper la graisse. Enlevez le poil avec des pinces tout au tour, & de dessus la partie. Appliquez dessus un cataplasme de navets, & laissez-le vingt-quatre heures. Etendez ensuite du goudron sur un linge: enveloppez la partie, de sorte qu'elle ne soit ni trop, ni trop peu serré, & laissez cela trois ou quatre jours. Continuez en même tems les bols, ou l'eau de résine, & saignez votre Cheval une ou deux fois, observant que les saignées ne soient pas trop fortes.

Lorsqu'un Cheval boîte, dans quelqu'endroit

que ce ſoit, les Palefreniers & les Maréchaux vous diſent que c'eſt de l'épaule, quoique cela arrive rarement. Lorſque cela eſt, il traîne la pince, & tourne les jambes circulairement, ſelon que le défaut eſt plus ou moins grand. S'il ne le fait pas, il ne boîte point de l'épaule. Tous ceux qui connoiſſent la ſtructure du Cheval, ſçavent que cela doit être ainſi. Lorſque ce défaut provient d'une cauſe qui a ſon ſiége au-deſſous du jarret, on peut le connoître à l'inflammation & à d'autres ſymptômes, telles que l'enflure, la ſenſibilité, &c. On a lieu de croire qu'il y a dans le pied ou dans la couronne quelque choſe qui le bleſſe; ce qui provient de la manière dont on l'exerce communément. Les courants ſont très-communs; & quoiqu'on y remédie, ils ſe terminent par ronger le dedans du pied. L'eau de vitriol a la vertu de les deſſécher. On obtient le même effet, en les baſſinant avec un mélange d'un tiers d'eſprit de nitre, & de deux tiers d'eſprit-de-vin, & d'autres topiques de cette eſpèce. Lorſque les Chevaux qui ont cette maladie, rencontrent un caillou pointu, la douleur qu'ils ſentent eſt ſi grande, qu'ils tombent tout-à-coup, comme s'ils avoient reçu un coup de fuſil. Il arrive très-ſouvent qu'un Cheval tombe & ſe caſſe les jarrets, par la négligence & la mal-adreſſe de celui qui le monte.

Rien n'eſt meilleur pour faire revenir le poil, & lui redonner ſa couleur, qu'un liniment fait avec du liége brûlé & bien ſaſſé, & mêlé avec de l'huile. Lorſque le Cheval eſt gris, il faut laiſſer le liége, & mêler le miel avec de l'huile, parce que le liége brûlé noircit le poil ; ce qui défigure un Cheval gris ou blanc. Avant d'employer le liége & le dernier onguent dont je viens de parler, appliquez ſur la partie un cataplaſme fait avec des navets pilés, cuits avec du lait, que vous mêlerez avec du ſain-doux, & un peu de baume de moine, juſqu'à ce que l'inflammation, ou l'irritation, aient ceſſé. On renouvellera le cataplaſme toutes les vingt-quatre heures, le liniment le plus ſouvent que l'on pourra, & l'on aura ſoin de bien nettoyer la partie.

Le ſavon & le camphre, diſſouts dans de l'eſprit-de-vin, lorſqu'on frotte ſouvent la partie avec, ſont excellens pour les entorſes. On couvrira enſuite la partie avec du ſuif & de la poix chaude. Le ſuif ainſi appliqué, ſert à garantir les parties offenſées du froid, &c., & ne ſe détache qu'au bout d'un certain tems. Ce remède fait honte à notre ſiècle ; mais il eſt excellent, & d'autant plus utile, qu'il empêche les Palfreniers & les Maréchaux de jouer de leurs tours, & éloigne les ſeconds de nos écuries. On eſt dans l'usage de faire promener les Chevaux qui ont des entorses; mais cet usage est très-pernicieux. Il faut les laisser tranquilles. Le repos est le meilleur remède qu'on puisse leur donner.

Une couverture placée sous la selle d'un Cheval, est utile tant au Cavalier qu'au Cheval, dans plusieurs occasions. Il seroit à-propos que chaque Soldat en eût une.

Il doit y avoir dans chaque Régiment un hachoir & un homme qui n'ait d'autre occupation dans le camp, qu'à hacher le foin, la paille, &c. Ce hachoir est aisé à transporter.

Le fourrage, de quelque espèce qu'il puisse être, ne doit être haché ni trop long, ni trop court, mais d'une telle longueur, qu'il ne puisse point entrer dans les narines du Cheval, à travers le sac, ou le canevas dans lequel on le met, lorsqu'on lui donne à manger. Un paresseux qui est chargé du hachoir, lorsqu'on n'a pas soin de veiller sur lui, le coupe le plus long qu'il peut, pour être plutôt quitte de sa besogne.

Les Allemands ont la prudence de faire porter à chaque Cavalier une double ration de paille hachée, mêlée avec du froment. Ils n'y touchent jamais que par ordre du Commandant, qui fixe le tems, & la quantité qu'ils doivent en prendre.

Il arrive souvent dans les longues marches, & même dans les campemens, qu'on est obligé d'attendre plusieurs jours le fourrage. Cet usage dont je viens de parler, donne en peu de tems des preuves sensibles de son utilité, vu qu'il maintient les Chevaux en bonne santé. Il sauve la vie à plusieurs, & entretient la vigueur de la plupart. Il n'y a qu'un témoin oculaire du fait, qui sçache le tort que le manque de fourrage, ne dureroit-il que deux jours, cause aux Chevaux, sur-tout lorsqu'ils marchent la nuit, & que le tems est mauvais. Quelques-uns sont ruinés pendant toute la campagne, & d'autres pour toujours.

Dans nos climats, dans le mois de Septembre, on ne trouve presque plus de fourrage dans les champs. Il seroit donc à-propos que chaque Cavalier se chargeât, à compter de ce tems-là, de vingt livres de foin, & qu'il en prît davantage dans l'arrière-saison. Il pourroit, par exemple, à commencer du vingt Septembre, ou environ, se charger de trente livres de foin pour le reste de la campagne, & en outre, huit livres d'avoine mêlée avec quatre livres de paille de froment hachée, avec ordre de ne point y toucher, sans l'ordre du Commandant. Cette méthode préviendroit souvent la disette de fourrage, & dédommageroit les Chevaux de la peine qu'ils ont eue pour le porter. Comme le foin en botte est sujet à se gâter, lorsqu'on le garde long-tems, il faut en donner une botte aux Chevaux tous les trois jours, & en faire une nouvelle. Lorsque la campagne doit durer tout l'hiver, on doit transporter ce fourrage, & le conserver jusqu'au tems où l'on peut en avoir d'autre ; ce qui arrive fort tard dans les pays incultes, ou ceux qui ont été dévastés par la guerre. Toutes les fois que les Chevaux sortent des quartiers, où ils ont été nourris grassement, on doit leur retrancher peu-à-peu le froment, & non pas tout-à-coup quelque belle que soit la saison, & quelque fertile que soit le pays dans lequel ils entrent. Ils pourront s'en passer long-tems, si on ne les en sevre pas tout-à-coup, si le tems & le fourrage sont passablement bons. Ils ne peuvent s'en passer dans l'arrière saison, lorsqu'il fait mauvais tems, & qu'ils sont obligés d'aller chercher le fourrage bien loin.

Lorsque le fourrage est éloigné, il faut avoir soin de bien faire les trousses, & ne jamais souffrir que les Cavaliers montent dessus, parce que cela chargeroit trop les Chevaux. J'ai vu souvent des trousses qui pesoient trois quintaux ; ce qui est un fardeau extrêmement lourd. La paresse & la coutume ont fait croire à quelques personnes qu'on ne pouvoit porter une trousse de fourrage, qu'il n'y eût un homme monté dessus; mais cela n'est pas, lorsque les trousses sont bien faites & bien liées. Ces précautions, & quantité d'autres que l'on néglige comme peu essentielles dans des matières en apparence aussi peu importantes, (mais elles le sont en effet) sont cependant nécessaires pour entretenir un Régiment dans l'état où il doit être, tant pour son honneur, que pour le service public. Ces sortes de soins sont aussi indispensables que ceux d'un Officier de Régiment. Celui-ci doit faire la visite tous les jours des Chevaux dans leurs lignes, leurs cantonnemens & leurs quartiers, sur-tout après des marches longues & fatiguantes, & dans un mauvais tems. Si l'on confie ce soin à un Quartier-maître, qui est non-seulement chargé de ses propres affaires, mais encore de celles des Officiers, & qu'on l'oblige à le faire, il se lassera, il en chargera les Sergens & les Caporaux; & dans ce cas, l'esprit de négligence & de paresse gagnera tout le corps. Aucun Soldat ne sera son devoir; on ne veillera ni sur les écuries, ni sur les Chevaux, ni sur les harnois, &c. On se mettra peu en peine si les Cavaliers sont bien ou mal nourris, s'ils ont soin de faire sécher leurs hardes, après avoir essuyé la pluie : en un mot, on négligera quantité d'articles de la discipline, &c., dont le mépris tend à ruiner entièrement un Régiment, & à le mettre hors d'état de servir.

FIN.

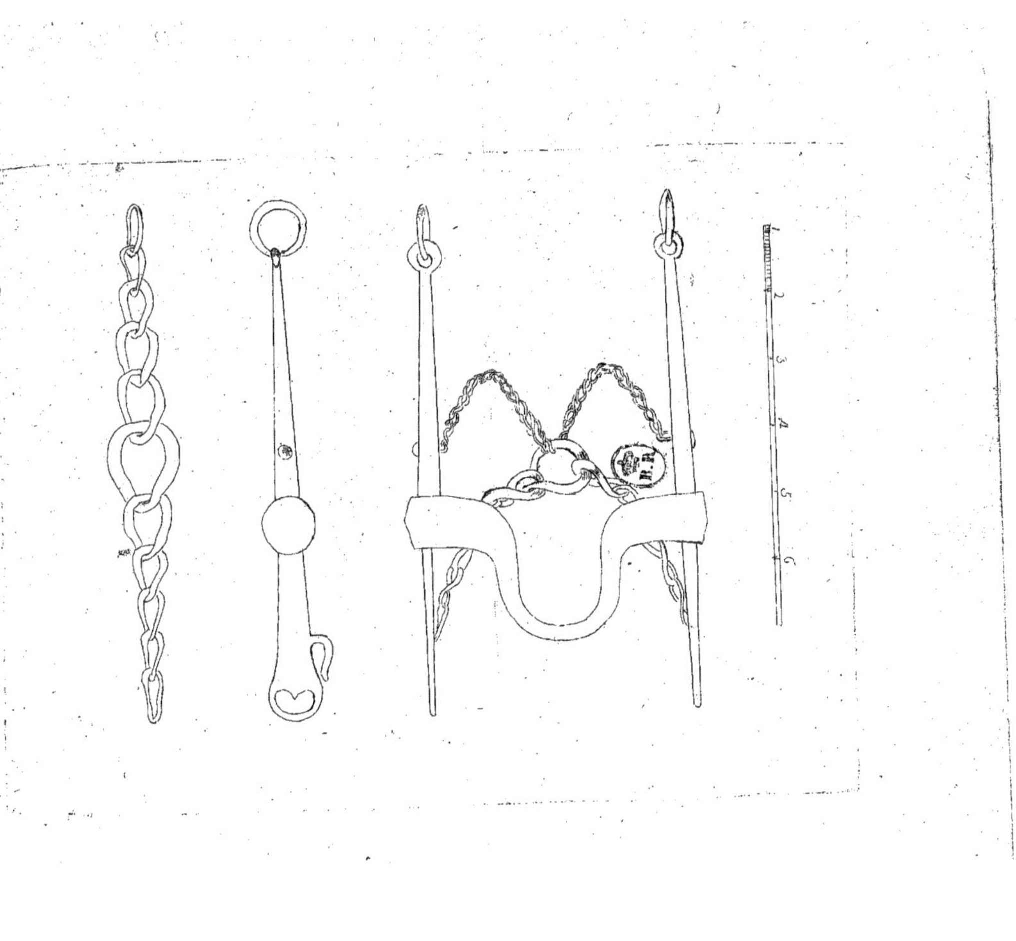

N° 2
Frouville fecit

N° 3
Frouville fecit

N° 4
De Frouville fecit

N° 5

N.° 6
Frouville fecit

De Sourville fecit

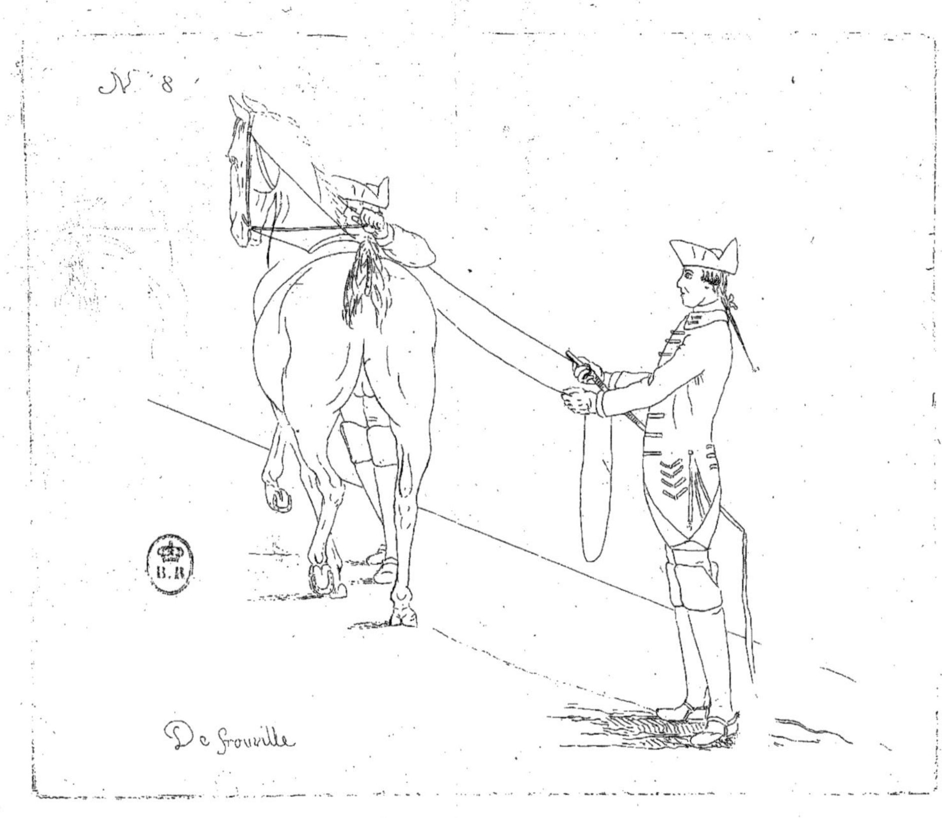
N.° 8
De Frouville

9.

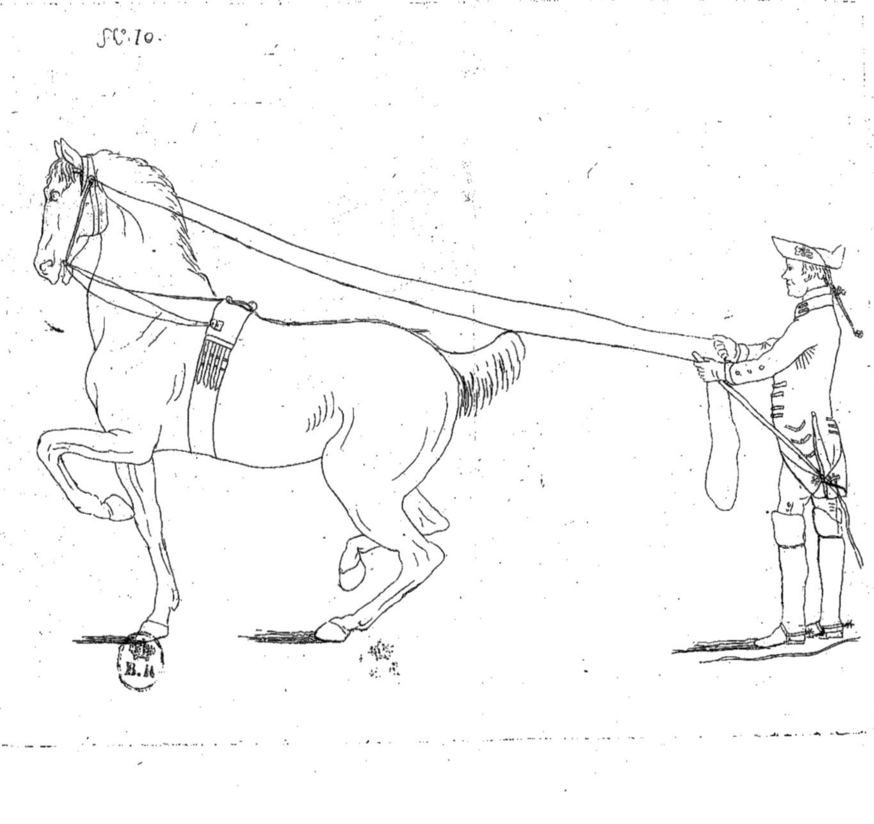
N°. 10.

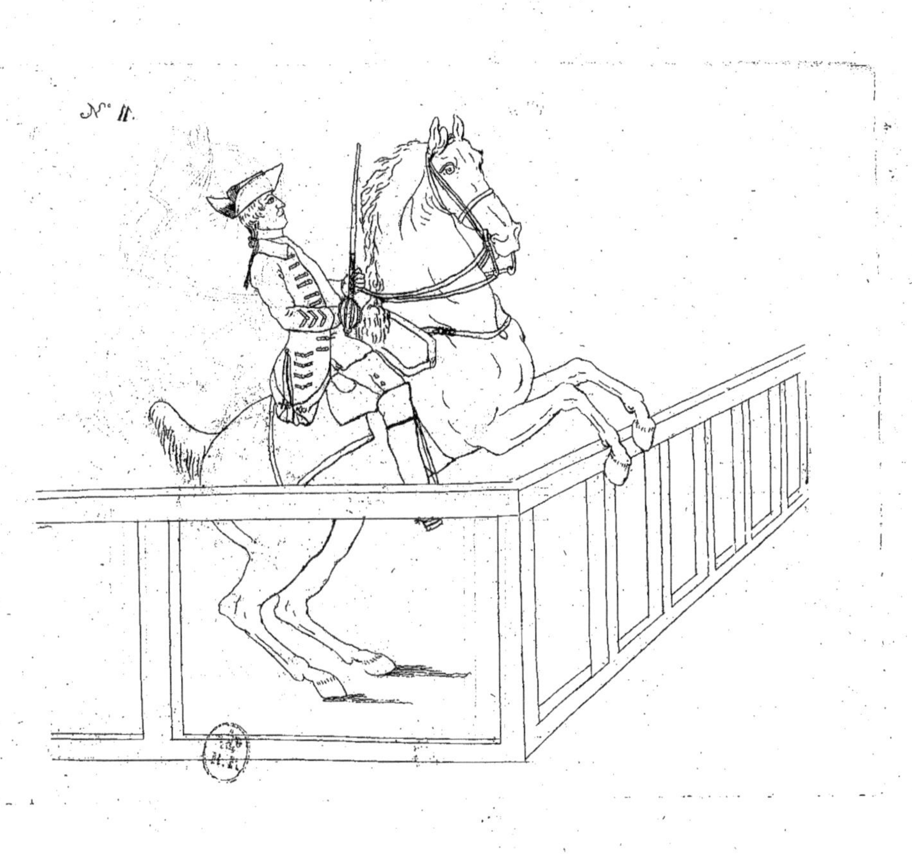
N° 11.

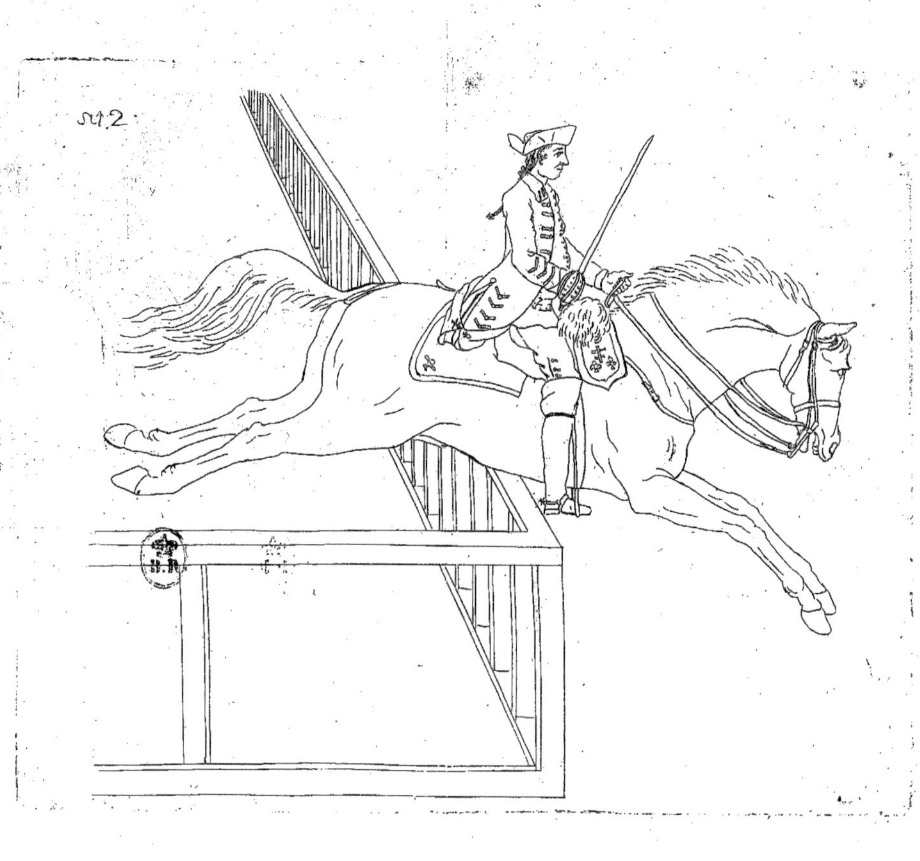

N° 13.

N° 14.

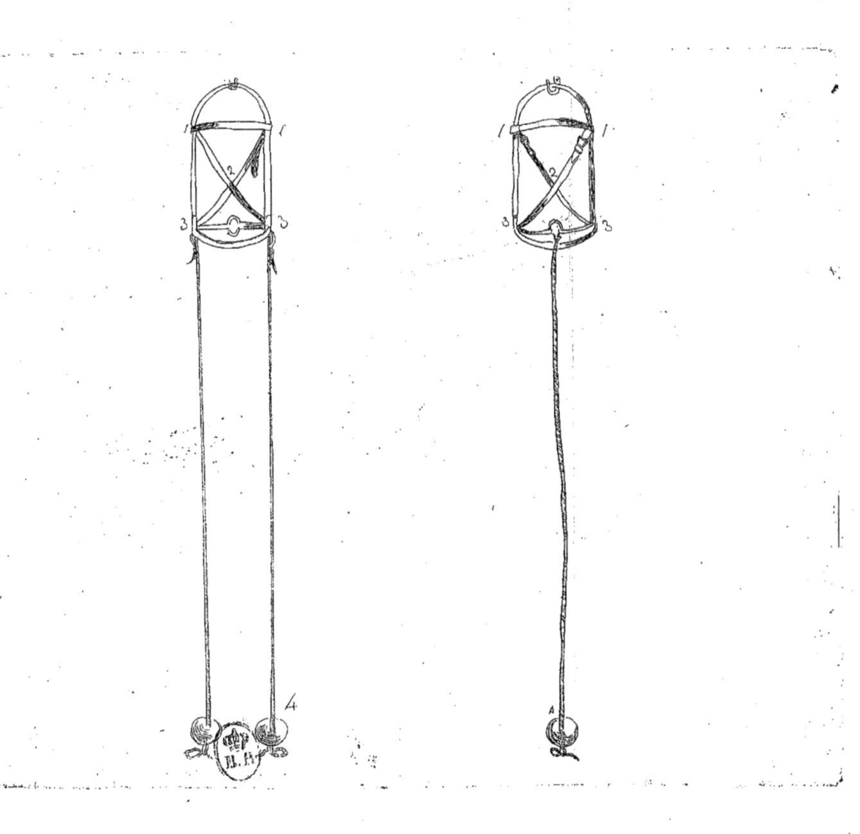
1
2
3
4
A

www.ingramcontent.com/pod-product-compliance
Ingram Content Group UK Ltd.
Pitfield, Milton Keynes, MK11 3LW, UK
UKHW021058200726
13857UKWH00003B/988